京都大学ボヘミアン物語

藤井 満
Mitsuru Fujii

あっぷる出版社

主な登場人物

創設者

りょうさん 法学部。1982年入学。日本海の離島・隠岐出身。まじめなボランティア活動をしていたが、3回生で遊びにめざめてボヘミアンを創設。別名「教祖」。司法試験をこころざすも、麻雀におぼれて挫折。

1期 1984年入学

ツル 法学部。ボヘミアン随一の常識人で良識派。きまじめな性格で、「自分の殻」をやぶれないことに劣等感をおぼえている。忘れ物が異常に多い。静岡出身。

コージ 法学部。顔も体型もおむすび型。四国の田舎にそだったせいか、四六時中ボーッとしている。お地蔵さんにそっくり。

ヤマネ 経済学部。日本海にめんした島根県の漁師町出身。背が低くておとなしく「丁稚」とよばれるが、サバイバルではアワビを次々にゲットし、一転「師匠」に。女がこわい。

コツボ 法学部。兵庫県のおぼっちゃま私立進学校出身。熱血漢で行動力は抜群だが、あつくるしい。

うんこが巨大。

クマ　法学部。九州男児らしく口下手。人のよさだけで生きてきた。唯一あつくなる麻雀は、キャリアは豊富だがツキにめぐまれず、コヤマのカモ。口癖は「ま、ええんちゃうか」。

2期　1985年入学

セージ　法学部。ザイールあるいは名古屋出身。年齢不詳の風貌で自称「ザイールの石油王の隠し子」。趣味は日活ロマンポルノ。自称「隊長」。

コヤマ　法学部。四国出身。趣味は音楽、麻雀の腕はプロ級。口癖は「死んだらええんや」。

シオモト　法学部。広島の高校の元野球部員。体力自慢で、脳みそまで筋肉でできている。酔うとあばれるゴジラ。

シモザキ　法学部。四国出身。2期生で唯一、高校時代から彼女がいて、ワンルームマンションずまい。サバイバル脱走の常習者。

タケダ　法学部。背が高くて小顔でギターを弾き、女性にもてるが、実はズボラで不潔。名古屋人。

クスノキ　法学部。「革命的大洋主義者」を自称する新左翼好きのイタイやつ。女が苦手なのは九州男児ゆえか。

オータ　工学部。「ゲゲゲの鬼太郎」のねずみ男そっくり。いつも目を細めてニコニコしておだやかそうだが、酔うと毒舌男に変身する。東京圏の都会出身者にはみえない。

ヒョーメ　法学部。「自分の殻をやぶりたくて」2回生の春、テニスサークルからボヘミアンに転籍。東京の山の手育ちらしく、鼻につく東京弁が特徴。

フジー　文学部。埼玉育ちのせいか見た目からして「ダサイ」。「ナメクジやウジ虫を食った」ことにされ、「フジャー↓ウジャー↓ナメクジャー」というあだ名に。この本の書き手。

3期　1986年入学

カミサカ　文学好きのインドア派。太宰治や尾崎豊を愛す文学部生。自分にも他人にもきびしい。東京の山の手の秀才かと思ったら、実はべたな名古屋人。

シノミー　法学部。酔うと説教をはじめる。酒癖も女癖もわるいのに、大阪人独特の話術のせいか、なぜかもてる。スケベだから通称「スケさん」。

ヤマハラ　法学部。平家の落人伝説のある九州の山奥の出身。さびしがり屋で、アウトドアが好きなわけではないのに、「さびしくて」ボヘミアンをはなれられなくなった。

トミー　経済学部。東京人とも大阪人ともことなる、おひとよしの東海人。使いっ走りばかりさせられる愛されキャラ。人はよいのに女性に縁がなく、ヤマハラの「恋人」的存在。

キウチ　工学部。語彙が貧困で、ガーとかバーとかダーとか、オノマトペでコミュニケーションをはかる。故郷にある京大霊長類研究所（愛知県犬山市）のゴリラに似てしまったらしい。

アシカワ　法学部。故郷の広島東洋カープのファンで、巨人を「読売」とよんで毛嫌いする。女性とは会話さえできない究極のもてない男。

チョキ　猫学部。ボヘミアンで唯一の♀。ボヘハウスのアイドル。

なお、本文中では「1回生」「1期生」の表記が混在しています。1985年当時は「1回生＝ボヘ

ミアン２期生」「２回生＝ボヘミアン１期生」のことですが、上下関係のないボヘミアンにおいては
わりとどうでもいいことなので、適当にお読み下さい。

目次

第2章　ボヘミアンの野外活動

第3章　ボヘミアンの表現活動

第4章　ボヘミアンの日常生活

第5章　ボヘミアンの旅

プロローグ　狂乱の大文字の宴

1984年、京都に小さなアウトドアサークルが誕生しました。「ボヘミアン」という名のそのサークルは今も生きのこっていて「京都一の変態サークル」といわれているらしいのです。この本は、今や老舗となったサークルの創生期を描いた物語です。問題行動も散見されますが、はるか昔の話としておゆるしください。

〈注＝この文章は（かなりの部分は）フィクションです。実在の人物や団体などとは（それほど）関係ありません〉

1985年4月、ぼくは京都大学の文学部に入学した。高校は埼玉県立の男子校で、男ばかりの3年間だったから、はじめて文学部の教室にはいったとき、50人中18人も女の子がいることにおどろき、頭がくらくらした。

クラスのオリエンテーション（顔合わせ）が終わって、ぼくは大学の時計台前にむかった。そこには大型のリュックサックや水を入れた10リットルのポリタンク、20個ちかい寝袋がつみあげられている。ここが、サークル「ボヘミアン」のイベント、「大文字キャンプ」の集合場所だった。

大文字山といえば、京都を代表する名所だ。そこでキャンプをするなんてなかなかしゃれている。

観光名所だし、女の子もくるかもしれない……。京都に引っ越してきたばかりのぼくはおおいに期待していた。

でも、時計台前にあつまってきたのは男ばかりだった。しょっぱなから気分がなえた。

あつまってきた20人ほどが輪になった。ぼくら新入生と上級生が半々ぐらいのようだ。そのなかのひとり、褐色の肌で目と目の間隔がやけに広い、年長の外国人とおぼしき男が自己紹介をはじめた。

「オヤジはザイールの石油王で、ぼくは隠し子です。イスラムだから豚肉は食べられません。好きな女優は赤坂麗、渡辺良子、宮下順子……」

聞いたことのない名前ばかりだ。アフリカで活躍している日本人女優なのかもしれない。とんでもない世界でそだったやつがいるんだなあと思った。

酒や水、食料をかつぎ、銀閣寺の脇から30分ほどのぼっていくと、「大」の字の中心にでる。大文字山は京都中からのぞめるのだから、当然「大」からは京都中が見わたせる。

夕陽をながめながら、「ツル」とよばれている2回生のカタオカさんがきまじめな調子でこのサークル「ボヘミアン」の説明をはじめた。

ボヘミアンは、「教祖」とよばれる法学部の3回生「りょうさん」によってつくられた。

ぼくらが入学する1年前、障がい者のボランティアをしていたりょうさんが酒を飲んでいるとき、天啓のようにアイデアがひらめいた。

「まじめなだけでは人間がこぢんまりしてしまう。人間には遊びが必要だ」

「おもいきりバカをやって人間性の殻をやぶる場所をつくろう」

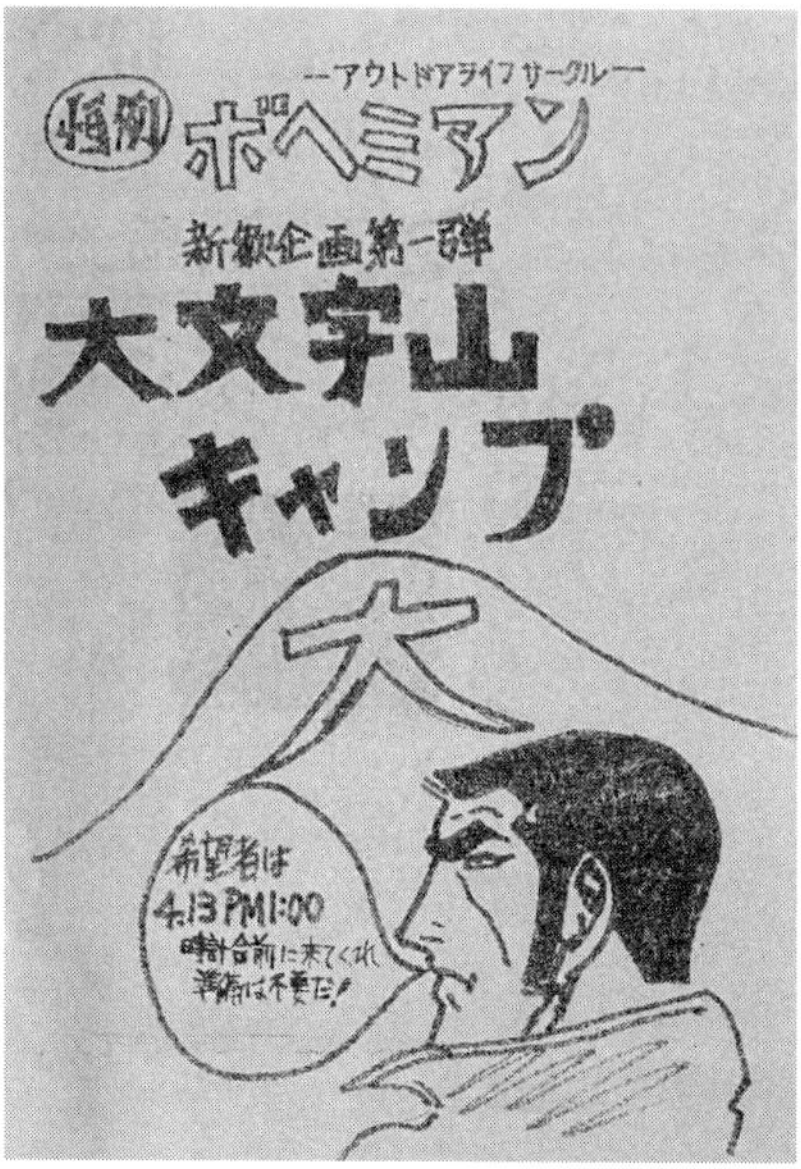

そして彼は、地方から法学部に入学したばかりのさびしそうな学生に声をかけ、人なつこい笑顔で10人ほどを一本釣りして「ボヘミアン」を結成した。

カタオカさんにつづいて、ほかの2回生が順番にヒッチハイク、サバイバル、映画制作……といった1年間のイベントを紹介した。

ひととおりサークルの説明がおわると、いかにも人のよさそうな「タッチおじさん」そっくりの男がたちあがった。彼が「教祖」りょうさんだった。

「わしゃぁ、ボヘが2年目をむかえられて、ほんまにうれしい! 以上!」

やがて、大文字山から京都市街をへだてた愛宕山あたりに夕陽がおち、街の灯りがともりはじめた。山は暗くしずみ、夜の海のようだ。闇の海にかこまれた京の街を冷たい灯りがおおう。函館や長崎の夜景よりも美しいと思った。

　サークルの説明がおわると、酒宴がはじまった。まずはひとり15分ほどの自己紹介だ。

「ザイールの石油王の隠し子」の名はセージ。アフリカ出身ではなく高校は名古屋。見た目はあきらかにおっさんだが、年齢はぼくとひとつちがいの19歳だ。

「名古屋はエビフライが有名やんな？」

　上級生のだれかがたずねると
「おみゃー、名古屋では『エビフリャー』だぎゃー」とベタベタの名古屋弁でかえした。

　趣味は日活ロマンポルノ。何百本も見ているらしい。赤坂麗や宮下順子というのはロマンポルノの女優だった。なお、その後彼は新田恵美という女優のファンになった。おニャン子クラブの新田恵利のそっくりさんということで売りだしたロマンポルノの女優だった。

　焚火を見つめていると気分がたかぶり、次々と本音がでてくる。

　愛媛出身のコヤマ（新入生）は貧しい家にそだち、音楽を唯一の友としていた。親や教師との確執の日々をかたり、「正義をふりかざすやつはぼくは信じん！」と断言した。そして、だれかが自らの人生をふりかえって「死ぬほどつらかった」と述懐すると、「死んだらええんよ」とつきはなし、場を凍らせた。

　広島出身のシオモト（同）は野球部のヘッドスライディングの練習のことだけをしゃべりつづけ、ぼくらはあくびをかみ殺すのに苦労した。15分の自己紹介でわかったことは、彼の脳みそが筋肉でできているということだけだった。

九州出身のクスノキ（同）は、「大洋ホエールズと鉄道と新左翼のファンです」と言ってまわりをシラーっとさせ、ニヒヒヒとかんだかい声で笑った。

神戸のおぼっちゃま私立高校出身のコッボ（2回生）は、たき火の炎で目をぎらつかせている。「縁があってきょう大文字につどったんやから、ボヘミアンという場で新しいなにかをみんなでつくっていきたい」と、その風貌どおり、あつくるしいあいさつに終始した。

いかにも女の子にもてそうな風貌をした新入生のタケダとシモザキ、人のよさそうな田舎者といったかんじの2回生、コージとヤマネの簡単な挨拶がつづいた。おなじ2回生のクマは九州男児らしくわずか30秒の自己紹介だった。

最後は「教祖」のりょうさんだ。島根県の隠岐という離島の出身で、高校時代は県庁所在地の松江市に下宿していた。

「彼女がおって、下宿に泊まりにきたんやけど、オレも彼女もはじめてでのぉ。ふとんのシーツに血がついて日の丸になってもうた。ゴシゴシあらうのに苦労したんや」

人なつっこい語り口は、ぼくら新入生の笑いをいざない、場をなごませた。さすが教祖だ。このとき4回生で、司法試験をめざして勉強にうちこむつもりらしい。ただしその後、趣味の麻雀にうつつをぬかし、弁護士への道はあきらめることになる。

自己紹介がおわり、しりとり歌合戦がはじまった。

「岬めぐり」や「22才の別れ」「あの素晴らしい愛をもう一度」といった1970年代のフォークソングから、松田聖子や中森明菜らの80年代アイドル、ウルトラマンやデビルマン、宇宙戦艦ヤマトなどのアニメソング……。

酒のイッキ飲みをはさみながら明け方までうたい、のみつづけた。

テントで寝ていると、ブオー、ブオー〜というすさまじい音で目がさめた。

二日酔いの頭と腹をふるわせる重低音だ。まだ薄暗い。テントをでて耳をすますと、かすかに読経の声もきこえてくる。ホラ貝だ。大文字山は山伏が修行する山でもあるのだ。

昼前、ぼくらは二日酔いの頭をかかえて街にくだり、百万遍の「ハイライト」という食堂でジャンボチキンカツ定食を食べて解散した。

この大文字キャンプ、しばらくはボヘミアンの春の恒例行事だったが、参加した学生の親がたき火をたくのは違法だと通報し、メンバー数人が警察によびだされた。以来大文字キャンプは中止になったらしい。1995年ごろのことだ。登山口には現在「たき火禁止」「キャンプ禁止」としるされている。

第1章　ボヘミアンことはじめ

新歓シーズン、女子大生ではなくあやしい人ばかり寄ってくる

バンカラで自由な男子校

ぼくが卒業した埼玉県立浦和高校は公立なのに男子校だった。

「文武両道」を看板にしていて、高校から茨城県の古河市まで48キロを走る強歩大会や、5月から冷たいプールで特訓をかさね、ほぼ全生徒が1キロ超の遠泳をさせられる臨海学校、1万人の観客があつまる「浦高祭」など、名物行事のおおい学校だった。

旧制中学からの伝統か自由な校風で、制服反対をとなえて私服で通学する生徒がクラスに4、5人はいた。ぼくも制服はきらいだけど、完全な私服にする勇気はなく、年中ラグビージャージですごしていた。

2限目になると授業をぬけだして校庭の木の下で早弁をした。つまらん授業は出席せず、図書室でヨーロッパやロシアの小説を読みふけった。

重い教科書やノートを毎日はこびたくないから、ノートはわら半紙。教科書はその日必要な部分だけきりとって、定期テストが終わるとすてていた。

3年生の夏、友人たちと浦高祭でなにをするかはなしあった。

「最後の文化祭だしどうしよう？　なんか問題おこして雑誌か新聞にのりたいなあ」

「青酸カリをつくったらめだつかな」

化学部員のやつが図書館でしらべてきて、「青酸カリはむずかしいが猛毒の六価クロムなら簡単」だというので、信頼していた社会科の教師に相談にいった。

「六価クロムをつくりたいんですけど」

先生はしばらく目を白黒させたあと、こたえた。

「うーん、六価クロムかあ……。それよりも核兵器の問題をしらべて発表したほうが話題になるぞ。セブンティーン（集英社の女子中高生向けファッション誌）にのるかもしれないぞ」

助言を真にうけたぼくらは核問題の本を読み、化学兵器や細菌兵器対策をになう自衛隊化学学校（大宮駐屯地）や米軍の横田基地を外から見学したりした。

そんなことをしているうちに、ぼくらのことをききつけたOBの法政大学生が手伝いにくるようになった。

そのOBに「集会」にさそわれた。いってみると、彼らは白いヘルメットをかぶり、顔面をタオルでかくしていた。それは「中核派」という政治団体だった。

「成田空港の現状を無視するのは軍国主義に加担することだ。核戦争をふせぐためにも、成田の農民たちと連帯するべきだと思わないか？」

熱弁をふるうOBに圧倒されて、ぼくは2回だけ成田をおとずれた。

ヘルメットと鉄パイプで機動隊や自衛隊に勝てるとは思えなかった。

「それよりも文学によって人の心を変革すれば、世界は平和になるんじゃないか」

そう考えたぼくは、進路希望の面接で「日本一自由だという京都大学の文学部にいきたい」と担任教師につたえた。

インテリ風の大人びた寮の面接官に不安がつのる

1985年3月、ぼくは京大に合格した。大学周辺に下宿をさがしたら、安くても月に1万5000円もする。親からの仕送りは「最大でも2万円」と釘をさされていた。

そういえば合格発表の日に吉田寮のチラシをうけとっていた。それをみると寮費300円とある。ぼくは「入寮面接」会場である吉田東寮（当時はまだ「西寮」もあった）にとんでいった。

吉田東寮は1913（大正2）年築の木造2階建てで、100室以上の畳敷きの部屋がある。銀杏並木をくぐってはいっていくと、古い木造校舎のようなすえたにおいがして、あるくたびにギシッギシッと床がきしんだ。

面接官はインテリふうの色白で大人びた男2人だった。学生の自治寮だから面接官も学生だ。なぜか政治の話になった。

高校のとき、中核派のお兄さんにうんざりしていたから、学生運動のメッカともいえる学生寮には警戒していた。ぼくは機先を制するつもりでこう言った。

「ヘルメットとかタオルで顔をかくすのはきらいです。大げさで漫画みたいに思えます」

これだけガツンと言っておけばそれ以上つっこまれることはないだろう、と思ったが、あまかった。

「なぜ卑怯なんだい？　圧倒的な力をもっている権力にたちむかうには顔をかくすのはしかたがないとは思わない？」

「え……それはそうかもしれないけど……」

（もしかしたらこの人たちも中核派なんだろうか？　面接で組織にはいりそうな人だけを選別するんだろうか？　あまり個人情報をあかすべきではないのでは……）

ぼくはしどろもどろになった。

面接官の2人は中核派ではなかったのだけれども、それを知るのはちょっと先のことだ。

ふきだまる陰毛とゴキブリの行列

どんよりした空から初春の冷たい雨がシトシトふる日、ぼくはリュックサックをかかえて吉田寮に入居した。

あてがわれたのは階段下の12畳ほどのだだっぴろい部屋だった。

吉田寮は本来2人で1部屋なのだが、なぜかぼくだけ1人だった。最初の夜はシュラフをひろげて横になった。

高校時代、駅で寝ながら鈍行列車で旅をしていたから、野宿にはなれている。だがこの部屋はなにかがくさったようなにおいがする。部屋の隅にはちぢれた陰毛がふきだまっている。

夜中、ガサガサという音でめがさめた。蛍光灯をつけると、十数匹のゴキブリが列をなしていた。はたいて殺すか、でも、その処分がめんどうだ。殺すのをあきらめてもう一度寝ようとしたとき、トントンと戸をたたく音がして、返事をする前にガラリと戸があき、男がひとりはいってきた。

「いま、いいかな？」

「……どうぞ」

寮の先輩だろうと思ってうなずいた。

「きみは、高校時代に成田（空港）にいったことがあるよね？」

高校のOBからぼくの話がつたわっていたらしい。

「あさって集会があるんだけど、よかったら参加しないか？」

あまり気がすすまないが、むげにことわるのは悪い気がして、「考えておきます」とこたえた。

「人生を考えるサークル」はカルトだった

京都大学の時計台前には多くのサークルがテントをたてて、往来する新入生を勧誘している。

みていると、テニスサークルにはきれいな女の子がおおい。女子大の人たちだろう。でも、なぜかぼくには声をかけてくれない。

そのとき、ぼくは白いストライプ入りの緑のジャージに身をつつんでいた。ガリ勉の高校生とでも思われたのかもしれないと今なら想像がつく。でも、当時、自分は並以上の風貌だと自負していた。

むなしい気分のまま歩いていると、カップルが声をかけてきた。女性のほうは顔立ちはととのっているけれど、ちょっと目がうつろだ。

「人生を考えるビデオをみませんか？　ケーキを食べながらおはなししましょう」

（確かに人生を考えるのも悪くない。それに、テニスサークルよりはとけこみやすそうだ……）

話をきいていたら、ヘルメットをかぶった学生がかけよってきて、そのカップルをとりかこんだ。

「でていけ！」

「おまえらのはいってくるところじゃない」

男たちは大声でどなりながら、カップルを学外におしだした。

「あいつらは原理研といって、霊感商法やら集団結婚やら洗脳する団体だから気をつけて」

ヘルメットの学生はそう言ってぼくにチラシを手わたした。

これがかの有名な「原理研究会」（旧統一教会系の学生団体）だった。
彼らは勧誘した学生を大学のちかくのビデオセンターなどにつれこみ、興味をもった学生を「2デイズ」「7デイズ」とよばれる合宿へとさそいこんでいた。また、歴史のある「京都大学新聞」にたいして「京大学生新聞」というまぎらわしい名前の新聞も発行していた。
当時の京大は左翼系の組織が強かったため、原理研のメンバーを確認すると学外にたたきだしていたが、新左翼のみならず、共産党の下部組織の民青（日本民主青年同盟）すらも弱体化してしまった今、原理研の影響力が相対的に増しているのではなかろうか。
そう想像していたが、２０２２年９月の安倍晋三氏射殺事件で、安倍氏をふくめ自民党の中枢

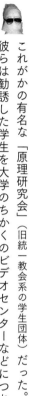

までが、旧統一教会とズブズブだったことが判明した。大学どころか、政権中枢までカルトがはびこっているとは……。現実は、ぼくの想像力をかるくとびこえていた。

「内ゲバ」がこわくて寮を脱出

初のイッキで初のゲロ

ぼくが入学した1985年といえば、バブル経済（86年〜）のはじまる直前で、聖子ちゃんカットの女子大生とサーファーカットの男子学生がちゃらちゃらあそぶテニスサークルが花ざかり。従来の下宿ではなくワンルームマンションにすむ学生が増えていた時代だ。

フジテレビで「夕やけニャンニャン」の放送がはじまり「おニャン子クラブ」が誕生した。阪神タイガースが21年ぶりにセ・リーグを制覇したのもこの年だ。

「カフェバー」がはやり、見た目や味は紅茶にちかいのにアルコール度数がたかい「ロングアイランド・アイスティー」がレディーキラー（女殺し）の異名をとった。

「甘いカクテルに目薬をたらしてのませれば女の子を酔いつぶせる」という都市伝説もまことしやかにかたられた。ぼくもためしに焼酎に目薬を2滴たらして自分でのんでみたが、まったく効果はなかった。

キラキラチャラチャラした時代だけど、ぼくはテニスサークルのミーハーなのりにはついていけそうになかったし、そもそもラケットを買うカネもなかった。

　世界を変革する小説家になるつもりで入学したのだけれど、その前に女の子とのであいはほしい。「舞踏研」というサークルの新入生歓迎会にはかわいい子が多く、しかも酒飲み放題という話をききつけて、参加してみることにした。

　いってみると、部員たちは、東欧の民族衣装を身につけておどっていた。それが一段落すると、古びた木造二階建ての一室で酒宴になった。

　このサークルはほんとうに気前がよかった。日本酒をボウルになみなみとそそいでくれ、

「それイッキ、イッキ！」

（ぷはー、うまい。酒がもったいないから、高校時代はこんな飲み方はできなかった。なんてぜいたくなんだろう）

「今日のお酒がうまいのは、〇〇くんのおかげです。それイッキイッキ……！」

　これがうわさのイッキか、いい文化だなあと思いながら、ぼくはのみつづけた。

　ひととおりイッキがゆきとどくと、外にでてダンスをおどったり、夜の大学構内を全力疾走したりした。新入生があちこちでたおれはじめた。

　ぼくは部屋にもどってまた酒をあおった。部屋がくるくるまわりはじめた。「すげーな、たのしいな。これが大学生か」と思った瞬間、胃から酸っぱいものがこみあげてきた。外にかけだして道路の植え込みに吐いた。酒で吐くのははじめての経験だった。ぼくはそのまま吉田寮にもどってたおれこんだ。

「イッキ!」はこの年、1985年の新語・流行語部門の金賞にえらばれている。このころはまだ、イッキ飲みが危険という認識はうすかった。危険性を理解するようになるのは、アルコール問題にたずさわる市民団体が1992年に「イッキ飲み被害110番」をひらくようになってからだと思う。

岩波文庫をくれたのは革マル?

翌日、二日酔いの頭をかかえて目をさまし、教養部の校内を歩いていると、まっすぐな黒髪で白いシャツという飾りっ気のない女性に声をかけられた。

「社会問題についての読書会をやってるので参加しませんか?」

そのまま、教養部キャンパスの一番奥にあるE号館4階の階段下、重い鉄扉のついた小さな部屋につれていかれた。

「テキストはこれです。古本だからあげますよ」

それはパラフィン紙でつつまれた岩波文庫、カール・マルクスの「賃労働と資本」という本だった。

マルクスの名前をみて、高校の世界史の先生の授業を思いだした。先生は最初の授業でこう宣言した。

「今まで学校でおしえてきた歴史は本当の歴史ではありません。きみたちは、信長や秀吉や家康が歴史をつくったと思っているだろうけど、歴史をつくるのは民衆の力です」

「民衆が歴史をつくる」という言葉にしびれた。

先生は、原始共産制にはじまり、生産力が上昇して余剰生産物ができることで奴隷制がうまれ、さらに生産力が増すと封建制、つぎに資本主義へと発展してきたという流れを教科書の記述とリンクさせながらおしえてくれた。

目から鱗のような歴史観だった。この授業をとおしてマルクスに興味をもち、図書室にあった「資本論」に挑んだが2割も読めずに挫折した。

そんな経験があったので、政経研というこのサークルの学習会に参加することにした。2回、3回とせまい部屋にかようday、4、5人のメンバーの怜悧で刃物のような議論についていけないものをかんじた。「そういう態度はスターリニストだ。キミは自己批判すべきだ」といった言葉も、権威主義をかんじて好きになれなかった。夜中に部屋に押しかけてくる中核派のお兄さんのおしつけがましい態度とはちょっとちがった不気味さだった。

ある晩、中核派のお兄さんが成田闘争の資料をぼくの部屋にもってきた。

「賃労働と資本」の文庫本をみせると、

「これはいい本だ。しっかり勉強したらいい」

「じつは政経研というサークルの人にもらったんです」

ぼくがそう言うとお兄さんは血相をかえた。

「あれは革マルだ。ぜったいちかづいちゃだめだ！」

中核と革マルが犬猿の仲だというぐらいの知識はあったからおどろいた（実際は政経研は革マルではなかったらしい）。

さびしく、へんな男は「ボへ送り」

なんかやばい人たちとかかわっているのではないだろうか？　そもそも吉田寮じたいが過激派の巣窟なのでは？　内ゲバにまきこまれて殺されるのでは？

急にこわくなってきて、大学の学生部にいって下宿をさがした。大学近辺の下宿の家賃は総じて高いが、3キロほど先の北山通りまでいくと月1万円の部屋もある。

比叡山のふもと、修学院離宮の近く、農家の敷地にある四畳半の下宿を契約した。

京都にすむ親戚に車をだしてもらい、布団袋と茶箱をつみこんで、上級生に気づかれないように吉田寮を脱出した。ほとんど夜逃げだった。

数カ月後にはまた吉田寮にいりびたり、寮の劇団に参加することになるのだけれど。

ほっとしたのはつかの間。四畳半にひとりですみはじめると孤独は深まるばかりだった。

新しい下宿から大学まで、歩くと40分かかる。電車をつかうのはもったいないから、3000円の中古自転車を購入して、新歓でにぎわう大学構内をさまよった。

そんなときに声をかけてきたのが、ナカジマと名乗るやさしそうな男だった。

「ボランティアに興味ない？」

やさしすぎるのがあやしい。また宗教団体かもしれない。ぼくはみがまえてこたえた。

「ボランティアとかは偽善に思えるんです」

「じゃあ、なにに興味があるの？　サークルをさがしてるなら手伝おうか？」

「旅行やアウトドアがすきですけど」

「だったらいいところがあるよ」

つれていかれたのが「ボヘミアン」だった。「大文字キャンプ」のチラシをくばっている連中からは、政治団体のような鋭さや押しつけがましさ、宗教団体の不気味さがない。どちらかといえば素朴な田舎者といったかんじだ。

「サバイバルってなにやるんですか?」

ぼくがたずねると、おむすび型の顔をしたお地蔵さんのような男がのんびりした口調でこたえた。

「去年は鹿児島の無人の浜で、米と調味料だけもっていって、川でエビをとって食べたんやぁ。けっこうおもろいで〜」

「鹿児島まで交通費が高いですよね?」

「ヒッチハイクやからただや。運転手さんからメシをおごってもらうこともあるんやでぇ」

交通費ゼロでしかもメシを食わせてもらえる。これなら仕送りが月2万円でも長期旅行ができるかもしれない。

「大文字キャンプは新入生は飲み代も食事代もただやから参加してなぁ!」

このおむすび顔の男が愛媛出身のコージだった。

「無料」という言葉にひかれたぼくは、どうせヒマだし、知り合いもいないし、参加してみることにした。冒頭に書いた「狂乱の大文字の宴」がぼくのボヘミアンデビューとなった。

このとき声をかけてきたナカジマという男は別のボランティアサークルに属していた。
あとからきくと彼は、まじめでまっすぐな人は自分のボランティアサークルにさそい、ひと癖

もふた癖もありそうなヤツはボヘミアンに紹介していた。彼のボランティアサークルでは、へんなやつをボヘミアンに紹介することを「ボヘ送り」とよんでいたらしい。江戸時代の「島流し」のようなあつかいだった。

ティッシュがころがる霊界の入口

ボヘミアン最初のイベント「大文字キャンプ」は、あとでふりかえってみても異常なもりあがりだった。

焚火の真っ赤な火をみてついつい本音をもらす。はじめてあうもの同士、ときに涙をながしながら悩みや不安を吐露する。酒に酔い、肩をくみ、歌をうたい、また酒をあおり、明け方、山伏のホラ貝で目をさます。

たった一晩のことなのに、参加した学生のあいだには不思議な一体感がうまれていた。

でもなんか、できすぎていないか？

これを「洗脳」というんじゃないのか？

ボヘミアンの人たちは原理研のカップルのようなおかしな目つきではない。政経研のような怜悧なこわさや、中核派のお兄さんのようなおしつけがましさもない。

でも、あまりに素朴で人がよくて、なにより居心地がよすぎるのが気になった。

レイカイとは？

「レイカイは明後日なので、時計台前に6時に集合したら会場につれていきます」

ボヘミアンでは週に2回、レイカイをひらいているらしい。

当日、あつまった新入生は7、8人だった。文学部のぼくと工学部のオータ以外は法学部生だ。

吉田山の裏に、真如堂という大きなお寺がある。いくつもある塔頭のひとつの小さな門をくぐって境内にはいり、日が沈み暗くなった墓地をぬけたその先に、古びた木造の家があった。

もしかするとボヘミアンは仏教系のカルトなのだろうか？。

一瞬そう考えたが、そこは2回生（ボヘミアン1期生）のカタオカさんという人の下宿だった。

みんながあつまるというのに、部屋の中は乱雑なままだ。隅にはくしゃくしゃのティッシュがころがっていた。

「ツル、またマスかいてたんか！」

おむすび型の顔をしたコージさんがちゃかすと、カタオカさんは口をとがらせて抗議した。

「ちがうよぉ。鼻をかんだだけだよぉ、まったくぅ」

ツルというのはカタオカさんのあだ名だ。片岡鶴太郎からきているらしい。

本人はオナニー疑惑を否定したが、押し入れの前には半裸の女性の写真がのった月刊プレイボーイがころがっていた。

やや警戒していたぼくはこれをみて少しほっとした。

レイカイとは、「霊界」ではなく「例会」のことだった。

この日の例会ではカタオカさんの司会で、嵐山・清滝方面へのハイキングの装備を確認し、バーベキューの材料を調達する担当者をえらんだ。

ボヘミアンの1期生、つまり2回生には素朴な田舎者、といったかんじの人が多いが、カタオカさんだけは正義感の強いストイックな雰囲気をただよわせていた。浜田省吾や尾崎豊を好み、当初は新聞記者をめざしていたが、2回生になって弁護士志望に転じた。

ただ、まじめな性格のくせに忘れものが多かった。メンバーの下宿にいくと本やら靴下やらをわすれていく。なぜかパンツをわすれたこともあった。ノーパンのままズボンをはいて帰ったらしいが、気づかなかったのだろうか。忘れものをするたびに、「いけね、わすれてた」とペロリと舌をだしていた。

このカタオカさんがボヘミアンの代表かと思ったが、そうではなかった。ボヘミアンにはりょうさんという4回生の「教祖」はいるが、司法試験の勉強のため引退することになっていた。教祖以外には部長や代表といった役職はいっさいな

いのだ。数カ月後には自ら「隊長」を名のる不届き者があらわれるのだけれど。

カタオカさんのあと、小柄なヤマネさんの司会で、この日ふたつめの議題である読書会の本をえらぶ議論がはじまった。灰谷健次郎の「兎の眼」にきまった。

ここまで、カタオカさん、ヤマネさんと敬称をつけているが、数カ月には呼び捨てになった。ボヘミアンは２０２４年に結成40年をむかえるが、いまでは「ケイゴ禁止」が唯一のルールになっているらしい。

２０２２年６月、30年ぶりに真如堂をおとずれるとアジサイが満開だった。墓場のわきにあったツルの下宿をさがしてみたが、下宿どころか墓地もみあたらない。墓地が簡単になくなるわけがない。「霊界」のイメージが強すぎて、まちがって記憶したのだろうか。

真如堂の本堂のわきに「京都　映画誕生の碑」がある。

日本の映画発祥地は京都とも神戸ともいわれている。

エジソンが考案したのぞき眼鏡式映写機のキネトスコープは１８９６年に神戸で公開された。

一方、フランスのリュミエール兄弟が発明した、スクリーンに映写するシネマトグラフは京都で１８９７年に試写された。

映画がはじめて日本に輸入されて11年後の１９０８年、牧野省三がシネマトグラフで歌舞伎の劇映画化にいどんだ。彼の第１作「本能寺合戦」を撮影したのが真如堂境内だった。

第2章　ボヘミアンの野外活動

必須スキルはヒッチハイク

旅の所持金をめぐる5時間論争

当時のボヘミアンは女人禁制だったが、それ以外の入会資格はない。そもそもはいりたがる女性などいないから、「女人禁制」に意味はなかった。

ただし、これができなければボヘミアンをつづけられない、という必須スキルがあった。ヒッチハイクだ。

道端で親指をたて、他人の車にのせてもらうというやつだ。

ぼくは高校時代に何度か経験していたが、それは公共交通機関のない田舎道でのことだ。ボヘミアンでは大都市の都心部以外はヒッチハイクで旅することを基本としていた。

新入生がその洗礼を最初にうけるのが、梅雨入り前の6月の旅行だ。

例会で、城崎温泉と天橋立に行くことはすんなりきまった。

問題は、旅の所持金をいくらにするかだ。金額が多すぎると安易に電車をつかってしまうからだ。

3泊4日でいくらなら適当か、議論は紛糾した。

「ヒッチで旅行するなら1日1000円あれば十分やろ」

熱血漢のコツボ(1期生)が主張すると、ボヘミアンではめずらしく恋人がいるシモザキ(2期生)

が反論する。

「体調をくずしたりしたらどないするんですか。医者にもいけへんやん」

「ふつうの旅行になってもつまらんやろ」とコツボがこたえると、

「そんなストイックにしたら旅行がおもろない。金額を制限されるのはいやや」

原理主義vs.お気楽旅行という2陣営にわかれた延々5時間におよぶ議論の結果「所持金5500円」と決定した。こっそり鉄道を利用するのは不可能でありながら、1日1000円に難色をしめす「お気楽旅行派」に一定の妥協をした額だった。

最後に、2回生（1期生）のヤマネが1回生のぼくらに「ヒッチの秘訣12条」という紙を手わたし、えらそうによみあげた。

人なつこい笑顔で警戒心を解け
なしくずしに乗せてもらえ
有無を言わせるな
好青年を装え
寝てはいけない
シートベルトは忘れずに
現在地の確認を怠るな
国道の分岐点に注意
予定が狂っても気楽にいこう

ドライバーとは友だちに。住所・名前を聞いてハガキを出そう
降りるときは芸をせよ
飲んだら乗るな　ヤマネ（二日酔いでヒッチをして、途中で吐きそうになって急停車をもとめ、顰蹙をかった経験から）

童顔が有利、おっさん顔は苦闘

6月のある晴れた日、十数人のメンバーは京都市西京区の国道9号線までバスででて、いっせいにスタートした。初日の夜の集合地点は「天橋立駅付近の知恩寺境内」とした。携帯電話などない時代だから、「まにあわない場合は各駅に電話」「後続への連絡は駅の掲示板」と申しあわせた。

ヒッチハイクは、交通量の多い都市部ではむずかしい。ぼくは、最初の1台にのせてもらうまで親指をたてて30分歩いた。

国道が片側1車線にせばまると、ヒッチは楽になる。10分間も待てば停車してくれる。

のちにヒッチになれてくると、大学のある百万遍から、まちがって停車するタクシーをかいくぐりながら親指をたてるようになった。

ヒッチにも向き不向きがあり、童顔のほうがあきらかに有利だ。「気の毒に」「かわいそう」と思われるのだろう。

愛媛出身のコヤマ（1期生）は貧しい家庭で苦労してそだったせいか性格はきついが、小柄で色白

だから、いつもだれよりも早く集合場所に到着した。

翌1986年に入学してくるシノミー（3期生）は中肉中背だが、糸のような細い目でやさしい雰囲気をふりまいて女の子の車にのせてもらい、しばしば夕方の集合場所にあらわれなかった。ぼくはまあ標準的だったが、残念ながら女の子にのせてもらうことはめったになかった。

いちばんおそく集合場所にあらわれるのが「ザイールの石油王の隠し子」ことセージだった。色黒で両目がはなれていて、19歳にはみえないから、なかなか車にのせてもらえないのだ。

夕方、集合場所に全員がそろうと、川原や海辺で火をおこし、飯をたき、酒をのんだ。ねむくなると、駅のベンチや神社の軒下、学校の渡り廊下などで寝袋にくるまった。通報されたり排除されたりすることのない、おおらかな時代だった。


ヒッチハイクを経験すると、公共交通機関をつかうのがばからしくなる。以来、埼玉の実家に帰省するときは、京都南インターの入口で「名古屋方面」とスケッチブックに書いて親指をたてた。

1台では東京までいけないから、途中のサービスエリアでおろしてもらって、SAの出口で次の車をつかまえる。東京まではだいたい7時間ほどでついたから、青春18きっぷで普通列車をのりつぐよりも3時間はやかった。

北海道旅行、予算は20日間で2万円

ヒッチハイクのうまみを知ったぼくは、この年（1985年）の夏、ヒッチで北海道旅行をすることにした。予算は、青函連絡船の料金をのぞいて20日間で2万円。

「どうせハッタリだろ。ほんとうにできたら3万円はらってやるよ」

高校時代の友人は、そういってせせら笑った。

出発前、彼に所持品をすべてチェックさせ、2万円だけ財布にいれた。銀行のカードもあずけた。当時は写メなんて便利なものはないので、3日に一度、鉄道駅の入場券を買って証拠とすることにした。

埼玉からヒッチで国道4号線をたどり、青森でねぶた祭りを見学して函館にわたる。「北海道三大秘湖」のひとつで、支笏湖のわきにあるオコタンペ湖をだずね、札幌をへて層雲峡から大雪山にのぼった。

大雪は森林限界をこえるから薪がないだろうと、小枝をひろいつつのぼり、黒岳石室のキャンプ場でたき火をしようとしたら、「ここはたき火禁止だよ」と言われた。

国立公園がたき火禁止とは知らなかった。しかたなく山小屋でカップラーメンを買って、持参した生米をくわえて湯をそそぎ、ボリボリとかんでいると、あわれに思ったのか、隣のテントにいた東京からのOLさんが菓子パンをめぐんでくれた。

天売島、焼尻島、知床半島にはいって羅臼岳と、旅をつづけた。

8月12日、網走駅の待合室で休憩していたとき、NHK総合テレビの緊急速報がながれた。東京から大阪にむかう日本航空123便のジャンボ機が群馬県の山中で消息を絶ったという。だれか知人がのっているのでは？　と心配になったが、乗客名簿に知人の名前はないようだ。たとえ名前があったところで自分にはなにもできない。旅をつづけた。

帯広ちかくの山中で日が暮れた。道端でたき火をおこし、飯盒で飯をたき、100円の焼き鳥の缶詰をのせてたべた。テントにもぐりこもうとしたとき、車が一台、目の前で急停車した。

「きみ、ちょっと車にのってくれないか。テントも荷物もうしろにつんで！」

「ここで寝るからいいです」

「いいから！　言うことをきいて！」

勢いにおされて、車にのりこんだ。

その人は、近くの診療所の医師で、意識を失ってたおれた患者の家にむかう途中だという。助手をしている奥さんが不在で、なにかのときに手伝ってほしいということで、ぼくをひろったらしい。

患者宅に到着すると、すでに意識は回復していた。医師は聴診器をあてて5分ほど会話をかわし、薬をわたしてひきあげた。

ぼくはそのまま診療所につれていかれ、焼き肉や酒をごちそうになり、診療所のベッドに泊めてもらった。翌朝、ヒッチハイクのしやすい国道まで送ってくれて、「はいバイト代」と茶封筒を手わたされた。なかには1万円がはいっていた。

「たまにはうまいものを食え」とトラックの運転手さんからドライブインでごちそうになったり、小遣いをもらったりもした。当初の所持金は2万円だったが、20日間で4万円をつかった。そのほかに、襟裳岬のちかくでコンブとりのアルバイトをして2万円かせいだ。

友人との賭には勝ったが、3万円をうけとったかどうかは記憶にない。

「羞恥心を捨てて人間性が解放され、多少の苦境はなんとかなるさという楽観性が育ち、なにより人を好きになることができた」

ヒッチハイクと麻雀の名人といわれたコヤマは、のちにそうふりかえった。そのとおりだと、ぼくも思う。

ここまで原稿を書いていたら、当のコヤマが「ヒッチの秘訣」をメールでおくってきた。

「おれは5分と待つことがなく車をひろえてたな。やっぱ笑顔やで。うれしい、楽しい、おいしい、ありがとうとか。満面の笑みで顔にだすといいことがあるから、今も飲み屋とかで励行してるで。何年か前に仕事で高速を走ってる時に大学生のヒッチハイカーをひろったけど、きいたら1時間くらい待ってたらしいわ。そんで、その大学生に表情が暗いのがあかんって指導したったわ」

彼はヒッチハイクでつちかった「笑顔」でその後芸能界に身をおき、やくざの親分とも親交をふかめることになる。

ヒッチを苦手としていた「ザイールの石油王の隠し子」ことセージからもメッセージがとどいた。

「コヤマとふたりでヒッチするとうまくいってたなー。おれは道端の茂みにかくれて、コヤマが車を停めてからでていくねん」

国道9号を歩いてヒッチハイクをこころみる

城崎温泉駅前までのせてくれた運転手さんが撮影してくれた

城崎温泉駅で全員集合。この日はちかくの神社で泊まった

合コンの壁はチークタイム

「中2でファーストキス」計画

小学6年生のとき、畑正憲の「ムツゴロウの無人島記」や「ムツゴロウの動物王国」に夢中になった。中学にはいると「ムツゴロウの青春記」「結婚記」をよんだ。それによると、ムツゴロウさんは中学2年のとき、のちに奥さんになる人とつきあいはじめ、校舎の屋根裏でキスをした。

「ぼくも中2で恋人をつくってキスをする！」

そう決意したのだが、なにもないまま中学3年間はおわった。高校は男子校で、文化祭のフォークダンスでであった子に「つきあってください」とラブレターを書いてふられただけだった。

「やらずのハタチ」回避へ合コン

ぼくが大学に入学した1985年はバブル前夜で世の中はキラキラチャラチャラしていたが、われら「ボヘミアン」にはそのかけらもなかった。

恋人のいるシモザキだけが、ビルの5階にあるトイレつきのワンルームにすんでいたが、シャワーは共同だったから、今の基準では「ワンルームマンション」とはよべないだろう。メンバーの大半は共同便所・共同台所の昔ながらの下宿で、ちょっと余裕のあるやつはトイレつきのアパートだった。

毎晩のようにだれかの下宿にあつまっては、焼酎をあおった。

そのころの主要な話題のひとつが「やらずのハタチ」だった。それを回避しようとしばしば女子大の女の子との合コンを企画した。

ぼくは家賃も書籍代もふくめて月4万円でくらしていたから、合コン前には、トンネル工事や引っ越しなどのバイトを増やして資金をかせいだ。旅行が好きだから、定期的に時間がとられる家庭教師などの割のいいバイトはできなかった。

合コン相手をみつけてくるのは、工学部のオータ（2期生）だ。「ゲゲゲの鬼太郎」のねずみ男にそっくりなのに、予備校で知りあったという女友だちが多かった。相手は、京都女子大や大阪女子大、関西外語大、医療技術短期大学……などさまざまだ。

一次会は居酒屋で、二次会の定番はカラオケではなくディスコだった。大阪・梅田の阪急東通や京都・木屋町のディスコにもでかけた。女の子と密着しておどれるチークタイムめあてなのだが、後述するようにぼくにはその魅力は理解できなかった。

当時、高級ディスコチェーンのマハラジャが有名で、1984年には東京都港区の麻布十番に「MAHARAJA TOKYO」がオープンしていた。京都にも八坂神社の目の前の「祇園会館」に「マハラジャ祇園」があったが、ドレスコートがうるさくて貧乏学生がいける場所ではなかった。

マハラジャ祇園は1996年に閉店したが、2017年に同じ場所で復活した。ぼくらと同年代のバブル世代が子育てを終え、景気がもちなおしたことから2010年の東京・六本木を皮切りに大阪や名古屋でも復活しているという。

ちなみにお立ち台で有名な「ジュリアナ東京」ができたのは、意外なことにバブル経済崩壊後の1991年だ。

チークおどれず、食べ放題のスパゲティをむさぼる

ボヘミアン2期生でただひとり高校時代から彼女がいたシモザキは、さすがに遊びなれているから、チークタイムは一番かわいい子をさそっておどる。

モテモテの彼は、郷里の愛媛県から京都に遊びにきた高校の後輩の女の子を部屋につれこんだことがある。それが家族ぐるみのつきあいだった恋人のお父さんにばれた。

「イスラムの国ならここで殺されても文句は言えないんだぞ！」

激怒したお父さんはそう言って包丁を机につきたてた……。

体育会のテニス部とボヘミアンをかけもちしている名古屋出身のタケダも、背が高く小顔で、革ジャンやらなんやらはやりのファッションをそろえ、合コンでは毎回のように、遊び人風の女の子とふたりで消えていった。翌日に顛末をたずねると、ニヒヒ……と笑いながら自慢する。

「ディープキスってええでぇ。おまえらもやってみ！」

何年かあと、彼にタマミちゃんという名の彼女ができた。タケダは「タマミにささげる歌」をカセットに録音して彼女に贈った。松山千春と長渕剛のラブソングの一番ベタな部分をつなぎあわせたようなこっぱずかしい歌だった。

「ザイールの石油王の隠し子」のセージはもてないのはぼくとおなじだが、すくなくとも女の子との会話には苦労せず、チークタイムにはちゃんとおどっていた。幹事のオータはもちろんだった。

ぼくと九州男児のクスノキ（2期生）という男だけがチークに参加できず、いつも食べ放題のスパゲティやピザをむさぼっていた。

クスノキは「革命的大洋主義者」を自称していた。要は大洋ホエールズ（横浜DeNAベイスターズの前身）のファンということだ。

学生運動がさかんだった団塊の世代から、四畳半フォークソング的な情緒を共有していた1970年代の「しらけ世代」をへて、1980年代に青春を謳歌したぼくらのちょっと上の世代は「新人類」とよばれた。テレビや漫画の影響をうけたオタクの第一世代でもあった。

政治意識の高い学生も多少はいたが、「ださい」と評された。ましてや「革命的大洋主義者」などと新左翼的な用語をうれしそうにかたるのはダサさのきわみ。ぼくからみてもそんなヤツがもてるわけがない。

「クスノキといっしょなんて」と、ぼくはディスコで屈辱をかみしめていた。でもたぶん彼も「フジーといっしょなんて」と思っていたのだろう。

フジーくんエイドプロジェクト（FAP）発動

合コンをくりかえすうちに、自分の欠点は「踊り」ではなく、会話ができないことだと気づいた。居酒屋での合コンで、ちょっとかわいい子が隣にすわると、頭が真っ白になる。単語カードをつかった「話題カード」をつくり、ポケットにしのばせていたが、

「山は好き？」

「旅行は好き？」

「小説はなにが好き？」

……といった単発の質問を20問もくりだすと弾切れ。あとは気まずい空気がながれるばかりだった。

「おまえの会話はお見合いか！」

合コン後にはいつもばかにされた。

「フジーくんエイドプロジェクト（略称ＦＡＰ）を発動せなあかんな」

シモザキとタケダはそう言ってうれしそうに説教をはじめた。

「まずは服からや。はっきりいってダサすぎる。せめてジャケットぐらい買え。それから髪型も丸刈りはあかん。一足ぐらい革靴か、ちゃんとしたブランドの靴を用意せなあかん……」

そんなことを言われてもこまる。ぼくはパンの耳を主食にしてなんとか生活していた。服を買うカネなんか捻出できるわけがない。ＦＡＰはけっきょく実行されなかった。

でも当時のボヘミアン十数人のうち彼女がいるのは２人だけだから、気は楽だった。

比較的会話がうまいセージはワンレンボディコン美人女子大生とたまにデートしていたが、食事をみつぐばかりで進展はなかった。ぼくらは彼女のことを、男から精気をしぼりとり、凍えた風をヒューとふきつけて凍らせる「雪女」とよんだ。

シオモトは野球部出身で、体育会系の単純すなおな性格だが、とにかく酒癖が悪い。ある日の居酒屋で、飲み放題をいいことにお銚子を何十本と空けるわれわれにたいして、店側は水でうすめた酒をだしてきた。酔っていても味はわかる。ぼくらは言葉で抗議したが、シオモトはぶち切れ、ふすまをけりたおして破壊した。そんな豪傑の一面もあるのだが、枕にだきついては「女ほしい！」といつも腰をふっていた。

ぼくは、修学院離宮のすぐちかくの農家の敷地にたつ下宿にすんでいた

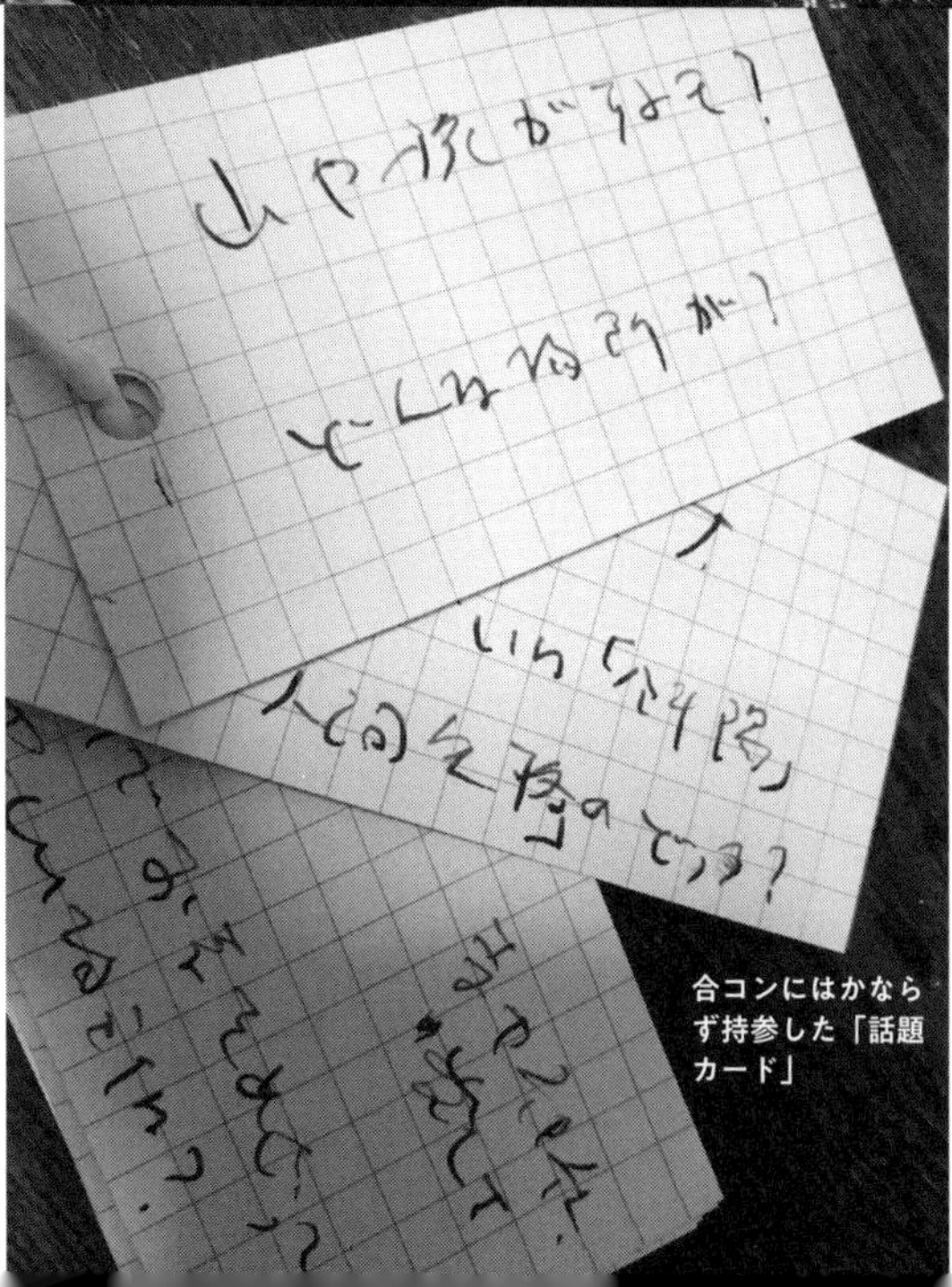

合コンにはかならず持参した「話題カード」

一方、島根の漁師の孫である1期生のヤマネは、宮崎県出身のがっちりした豆タンクのような体格の、声が大きい女の子にいいよられていた。

「ヤマネさん、かわいい！」

「今度ごはんつくってきます」

「好きな食べものってなんですか？　あっ偶然！　私も好きなんです！」

強烈な「押し」をかましてくるその子を、ヤマネは「師匠」と名づけた。

「ヤマネ、もてもてやん、うらやましいわぁ」

「元気でええ子やん」

ぼくらがはやすと、

「性格がええ子なのはわかるんやけどな、ちょっと押しの強さがなぁ……」

そう言ってひたすら逃げつづけた。彼がそのトラウマを克服し、パートナーをみつけるまでには、その後四半世紀をまたなければならなかった。

ボヘミアンの連中は、他人の傷に塩をぬりこんで、そいつがもだえる様子をたのしむというよからぬ性向があった。おかげで、多少の悪口や非難には動じないようになった。一方で、他人を怒らせることを平気で口にするから、人間関係づくりではプラスだったのかマイナスだったのかはわからない。

「婚前交渉は許さん」正義の男の転向

「会話ができないのは中身がないからや」

入学してボヘミアンにはいった直後、真如堂の境内にある薄暗い下宿にすむ1期生のツルから「読書会をせーへん?」とさそわれた。そのころぼくは世界の人間を幸せにする小説家になろうと本気で思っていたから、ふたつ返事でうけいれた。

庄司薫の「僕の大好きな青髭」や灰谷健次郎の「太陽の子」などの小説や社会問題の本をよんだ。いちばん印象にのこったのは、松下竜一の「風成の女たち　ある漁村の闘い」だ。セメント工場建設計画から故郷の海をまもろうとたちあがった女たちの記録である。

彼との読書会が、ぼくにとっては悩み相談の場でもあった。

「なんで女の子と会話できないんだろ? 話題カードを準備していくんだけど、ぜんぜん会話がつづかない」

恥をしのんで相談すると、ツルはつきはなした。

「話題カードなんてつくっても意味ないで。そもそもおまえはかたるべき自分をもってない。中身がないんや。小細工してもむだやで」

「男とはこうやってふつうにはなせるのになあ」

「はっきり言って、おまえの話は男がきいてもおもろない。オレっちが言うんやからまちがいない」

身も蓋もない指摘だけど、妙に納得できた。ちなみに「オレっち」というのは静岡弁だ。

そうか、オレはつまらん人間なのか、中身がないから会話ができないのか。だったら、人のやらないことをやって、ほかの人とはちがう中身をつくればええんやー！

ちょっとだけ恋愛成就の道筋がみえた気がした。

実現するのはずっとずっと先なのだけど。


ちなみにそのツルにも彼女はいなかった。どんな子が好きかという話をしていたら、「じつは新しい理論を発見したんや」と真顔でしゃべりはじめた。

「○○さんと電話をしていると、すこしはなすだけでチン○が反応してしまう。この反応のはやさが『好き』の気持ちのバロメーターだとわかったんや」

彼の「チン○バロメーター理論」は「説得力がある」とボヘミアンではひろくうけいれられた。

童貞捨てると決断した男を猛批判

「やらずのハタチはいやだ」と思いながら、ボヘミアンで彼女がいるのは2人だけ。ぼくをふくむ1回生の大半は「やらハタ」回避の展望がまったくみえなかった。

だがひとりだけ、敢然とその壁にいどむヤツがあらわれた。セージだ。

名古屋の実家への帰省からかえってきたときさつけ、実家からもってくるウイスキーをねらって、彼の下宿「水明荘」を数人で急襲した。

水明荘は、比叡山にむかって急坂をのぼりつめた曼殊院の隣にある。京大のある百万遍とは100メートルちかい標高差があり、京の街の夜景をたのしめる一方で、泥酔して坂をのぼっていくと、途中でゲロをぶちまけることになる。

当時、最北端の修学院離宮ちかくにあるぼくの下宿は「極北」、もっとも標高の高いところにあるセージの下宿は「ヒマラヤ」とよばれており、冬はとりわけさむかった。

自転車で急坂をのぼってセージの四畳半にたどりつくと、もくろみどおり、だるま（サントリーオールド）があった。

ウイスキーをのんでいると、なにかが奥歯にはさまったようにセージが口ごもる。

「なにか言いたいことがあるんやろ？」

「言ってしまって楽になれ！」

うながすと、彼は秘密めかして口をあけた。

「おれは（童貞を）すてるつもりや」

「え？　どないしたんや？」

「もったいぶらんで、くわしくはなせ！」

風俗情報誌で、岐阜の風俗街・金津園の情報をしらべ、「はじめて」にふさわしい子をついにみつけた……という。

この手の話はその日のうちに全員にひろまる。

その結果、ボヘミアンの例会の場で、彼は計画を発表することになった。

とりわけ警察の取り調べのように熱心に詰問したのが1期生のコッボだ。兵庫県の私立のおぼっ

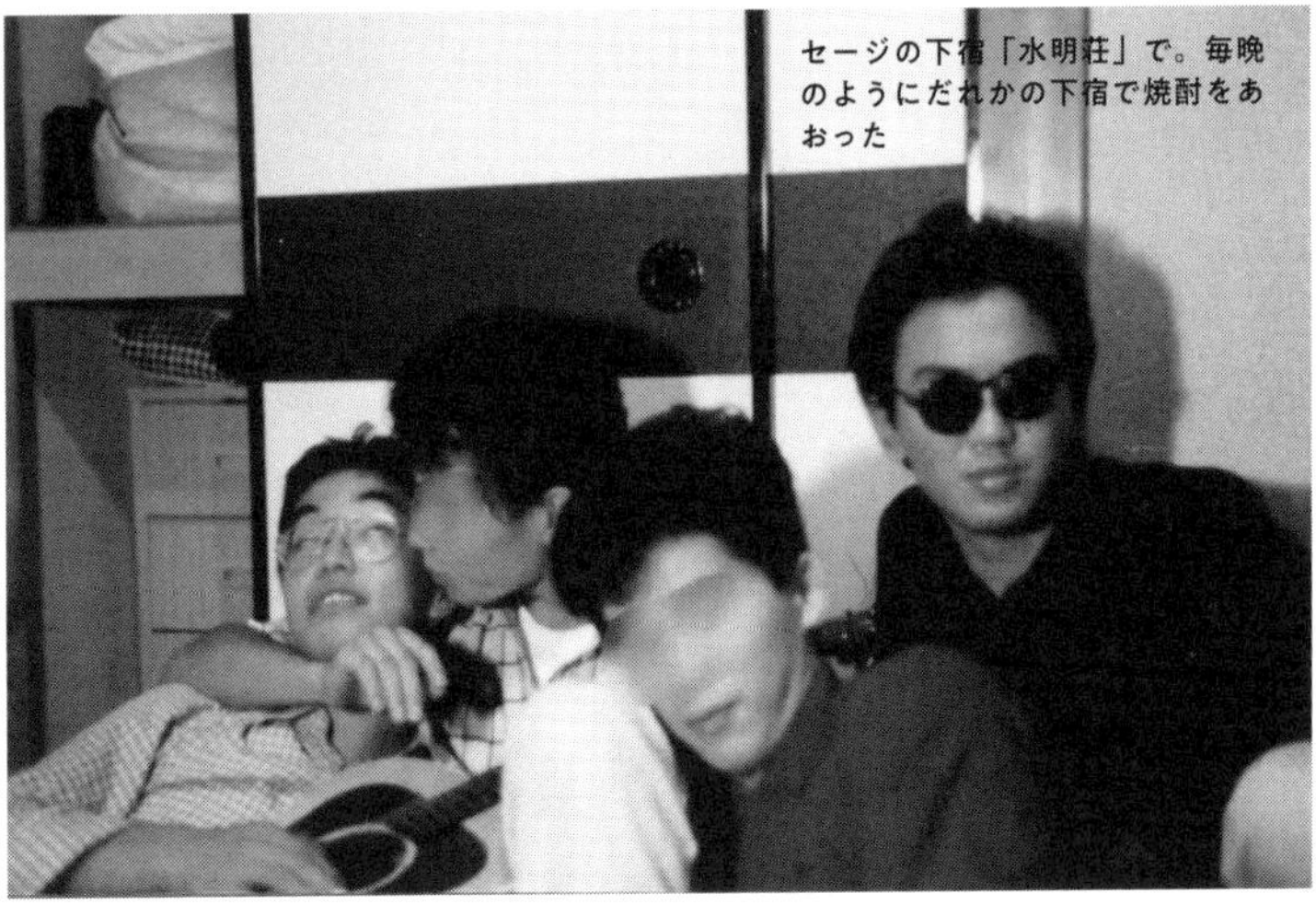

セージの下宿「水明荘」で。毎晩のようにだれかの下宿で焼酎をあおった

ちゃん進学校出身で、自他ともにみとめる熱血漢だ。服のセンスはよいのだが、あつくるしすぎる性格のせいか恋人はいなかった。

「芸能人でいったらだれににてるんや?」

「どんな雑誌をどこで買ってしらべたんや?」

「で、いついくんや?」

目をぎらつかせてあきれるほどことこまかにといただしたあと、急にまじめな顔になって言いはなった。

「女性を商品としてあつかうなんて最低やで。軽蔑するわ!」

「そもそもやな。妊娠する確率はゼロじゃないんや。女性の体のことを考えたら、結婚するまでセックスはしたらあかんやろ」

この発言で、今度はコッポが攻撃される側になった。

「おまえ、そこまで言うなら結婚するまでいっさいセックスするなや!」

「おまえみたいなスケベがたえられるわけあれへ

ん！」

それにたいして、正義感に燃えるコッボは断言した。

「おれはぜったい、結婚するまではせえへん！」

「正義」を信じてはいけない

数カ月後、コッボに恋人ができた。ボランティア関係のまじめで純粋な子らしい。写真をぼくらにみせては、

「なあ、かわいいやろ」

「ほんまにかわいいいんや」

何度も何度もデレデレのろける。ほんまにあつくるしい。

その場でだれかがたずねた。

「おまえ、結婚するまではセックスはせえへんのやろ？　どこまでならオーケーなんや？」

「そんなこと言ったか？　アハハ、言うわけないやろ。お互い魅力をかんじて尊敬しあってるのにセックスしないなんて、そもそも不自然やわ」

言行不一致もはなはだしいとあきれるぼくらにたいして彼は言いはなった。

「おまえらしつこいぞ。だからおまえらはもてへんのや」

みごとなひらきなおりぶりだった。

正義を一方的にふりかざす人間は、自分が強者になるとコロリと転向するものなのだ。

貴重な教訓になった。

ちなみにコツボの猛批判をうけたセージが、金津園計画を実行したのか断念したのかはさだかではない。

隠岐サバイバル㊤みそをめぐる10時間論争

「最低限の食料」で路線対立が浮き彫り

ボヘミアン最大のイベントは8月のサバイバルだ。ぼくが入学する前の1984年、ボヘミアン最初のサバイバルは鹿児島の太平洋岸の浜だった。

今年（1985年）はどうするか？

6月中旬、場所の選定からはじまった。

「サバイバル」というからには、商店や自販機がちかくに存在してはならない。道路や集落から4キロ以上はなれた、飲み水を確保できそうな浜……というのが条件だ。

まずは全国道路地図で道路のない海岸をさがす。次に国土地理院の5万分の1の地形図をひもとく。川がありそうな谷に面した浜でも、裏山が低ければ日照りがつづくと水はかれる。標高300メートル以上の山があればいい。

その結果、島根県の50キロ北にうかぶ隠岐・島前の西ノ島にきまった。隠岐といえば「教祖」りょうさんの故郷だが、彼はすでにサークルを引退して司法試験の勉強をしているから参加しない。

サバイバルとは？

ボヘミアンにおけるサバイバルとはなにか？

最低限の食料だけを持参し、毎晩のようにあおっていた酒ももっていかず、現地で海の魚や野草を調達するキャンプだ。

ところがその定義をめぐって紛糾した。

テントは快適すぎるからもっていかない。かわりに雨をしのぐための青いビニールシートを用意する。最低限のカロリーを補給するために米と塩を持参する。

ここまではすんなりきまった。

問題はみそだ。

「米とみそはセットであり、日本人にとって最低限の食事や」

ボヘで唯一、高校時代から恋人がいるシモザキの発言にたいして、19年間もてた経験がないぼくは反論した。

「みそはぜいたくであり、みそだけでおかずになりうる。それではサバイバルといえない」

合コンでディープキスをくりかえすタケダはシモザキ派だ。

「サバイバルといっても禁欲的すぎるキャンプはつまらん。つらくてがまんするだけなんて無意味や」

「ふつうのキャンプになったら、わざわざサバイバルをする意味がないんちゃうか？」

いつも冷静だけど、忘れものが多いツルは淡々とぼくの味方をした。

1日目、5時間議論しても結論がでなかった。

2日目、議論はさらにヒートアップした。

激論の口火を切ったのは、熱血漢であつくるしい1期生のコツボだ。彼は、ストイックな原理主義的みそ否定論者だった。

「おまえらみそ肯定派は、ボへになにをもとめてるんや。ふつうのサークルとおなじことをしていては自分の殻はやぶれへんで」

ボヘミアンはひたすら遊ぶことを旨としていたが、その裏には「自分の殻をやぶる」「人間性を解放する」という崇高な目的がある……という教祖りょうさんの理念を、ぼくらはなかば信じていた。

しかし、コツボの発言にみそ肯定派のひとりがきれた。

「サバイバルごときで人間の殻をやぶるという考えかたそのものがおかしい！」

コツボが応じた。

「そもそもそれぞれがボへになにをもとめているのか、根本から議論しなおそう」

熱血漢のコツボは「理念」に酔いしれ、理念をかたりあうことを好む。なんだか哲学論争の様相を帯びてきた。議論はさらにひろがりそうだ。やばい、こりゃ長くなるぞ。

2日目も結論はでず、みそ論議は10時間をこえた。

3日目、連日の議論にだれもが疲弊しきっていた。

それまであまり発言せずに議論に耳をかたむけるふりをしていたセージがおもむろに口をひらいた。

「サバイバルの半分の期間だけみそをみとめ、残りの半分の期間はみそなしということで、どうや？」

「ザイールの石油王の隠し子」というハッタリからはじまり、やくざもだまらせる迫力の風貌もあり、だれもが彼には一目おいていた。さらにこのころ、教祖以外に役職も肩書きもないボヘミアンにおいて、セージはみずから「隊長」を名のるようになっていた。椎名誠の「わしらは怪しい探険隊」の影響だ。

セージ隊長が提示したまぬけな折衷案に、議論にうんざりしていたぼくらはふかくうなずいた。

10時間の議論はなんだったんだ！


実際はどうだったか？

現地の無人の浜に到着した翌日からみそ汁をつくった。

「やっぱりみそ汁はうまい！」と、みんなですすった。

さらにある夜、「実はこんなものがある」と1期生のクマがリュックから黒い物体をとりだした。チョコレートだ。

九州男児のクマは、議論や理論をきらう。加熱したみそ論議でも「ま、せやな」「どっちでもええんちゃうか」としか口にしなかった。そんな彼が、10時間の議論の末につくったルールを無視してチョコレートを持参した。しかもひとりでかくれて食べずに正直に申告した。その場にいたものは彼をほめたたえ、チョコを等分にわけてむさぼった。人生で一番うまいチョコだった。

このほか、サバイバル前には、看護学生をよんで、マムシにかまれたときの対処法なども勉強したが、目的は技術習得ではなく、看護学生との交流だったと記憶している。

ここまで書いたら、大学卒業以来一度もあっていない、2期生クスノキから「みそをつかえることになった証拠がある」と、当時の例会のレジュメがおくられてきた。ディスコでチークを

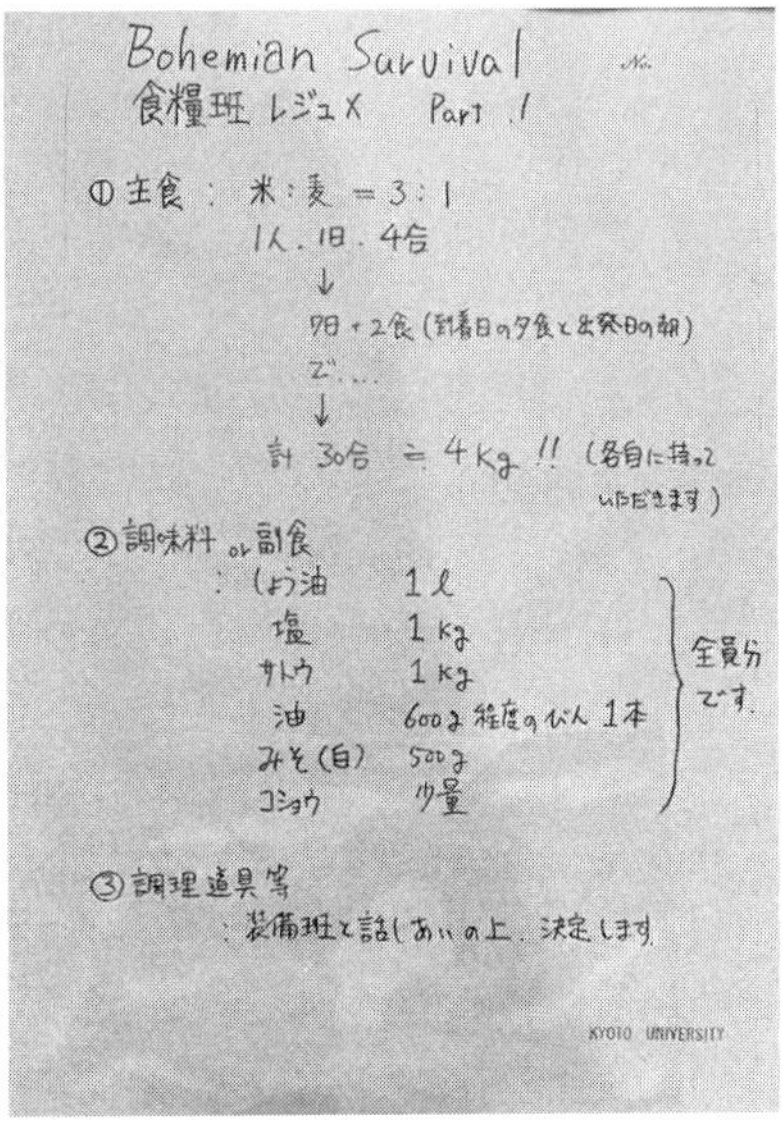
Bohemian Survival
食糧班 レジュメ Part.1

①主食：米：麦＝3：1
1人.1日.4合
↓
7日＋2食（到着日の夕食と出発日の朝）
で…
↓
計 30合 ≒ 4kg!!（各自に持っていただきます）

②調味料 or 副食
：しょう油 1ℓ
塩 1kg
サトウ 1kg
油 600g 程度のびん 1本
みそ（白） 500g
コショウ 少量
全員分です.

③調理道具等
：装備班と話しあいの上、決定します

KYOTO UNIVERSITY

サバイバルに持参する食糧や調味料の一覧

おどれず、ぼくといっしょに食べ放題のスパゲティをむさぼりつづけた不器用なヤツだが、資料収集癖があったらしい。

醤油1リットル、塩1キロ、砂糖1キロ、油600g、白みそ500g。これらが共同装備だ。

おどろいたのは各自でもっていく米と麦の量だ。米と麦の割合は3対1で、「1人1日4合、7日で30合（4キロ）」とかいてある。1日4合って、宮澤賢治の「雨ニモマケズ」にでてくる玄米とおなじだ。

雨ニモマケズ
風ニモマケズ
雪ニモ夏ノ暑サニモマケヌ
丈夫ナカラダヲモチ
慾ハナク

決シテ瞋ラズ
イツモシヅカニワラッテヰル
一日ニ玄米四合ト
味噌ト少シノ野菜ヲタベ……

この詩は賢治が亡くなる2年前、1931年11月に病床で手帳につづり、賢治の死後に手帳が発見された。

『雨ニモマケズ』に書かれた献立メニューの謎」（廣瀬正明、モリアンド創作室）によると、「4合」は、医者だった森鴎外が「丈夫な体をもつ日本人が1日に食べる米の量が602g（約4合）」とかいたことに影響された可能性があるという。病弱な賢治にとって4合という量は「願望」だったと廣瀬氏は結論づけている。

ちなみに1石（150キロ）が大人1人が1年間に食べる米の量とされ、「百万石」は百万人分の米を意味した（米だけを主食とする人はすくなかったが）。

米の1人あたりの年間消費量（赤ちゃんもふくむ）は、1962年度の118キロ（1日323グラム＝2合）がピークで、2020年度は50・7キロ（1日139グラム＝1合弱）まで減少している。

ぼくは今、炊飯器で2合の玄米を炊くと6回にわけて食べている。朝昼晩3食とも米飯だとしても1日150グラム（1合）。学生時代の4分の1だ。年をとるわけだ。

隠岐サバイバル㊥丁稚はアワビ名人へ　カリスマ隊長は権威失墜

みそ論議がまぬけな折衷案でまとまり8月、いよいよサバイバルに出発した。

京都の街の東にある京大から西端の西京区郊外まで路線バスででて、国道9号をヒッチハイクでたどる。ぼくは乗用車4台、トラック3台をのりつぎ約8時間で島根県美保関町（2005年から松江市）の七類港に到着した。翌朝、フェリーで2時間半ゆられて隠岐・島前の西ノ島にある浦郷港におりた。そこから漁船をチャーターして、焼火山（452メートル）のすぐ下の入り江にむかった。

ねぐらは「木こりの小屋」

もくろみどおり、浜には小川が3本ながれている。ぼくらはそれぞれS川、E川、X川と名づけた。これだけ立派な川があればぞんぶんに水浴びもできるだろう。

北と南に岬がはりだしているから、入り江の小石の浜はおだやかな波がうちよせる。北側の岬の上には文覚窟という洞窟がある。

入り江の奥の森のなかに朽ちかけた小屋をみつけた。ブルーシートでテントをつくる予定だったが、この小屋があれば雨はふせげる。こんな場所に木こりがいるとは思えないが、なぜかぼくらは「木こりの小屋」と名づけた。

都から流された文覚上人が滞在した
とつたわる「文覚窟」

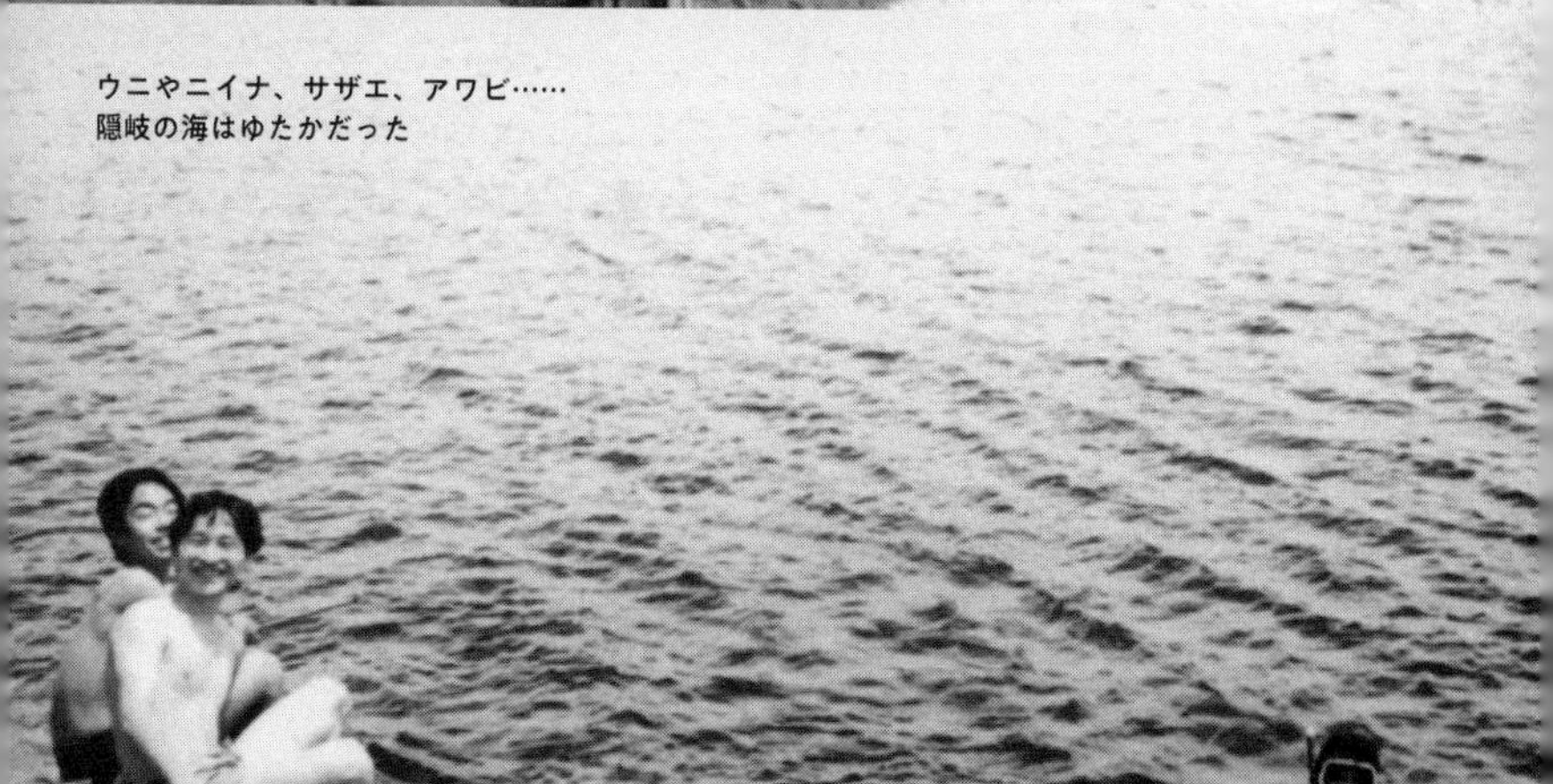

ウニやニイナ、サザエ、アワビ……
隠岐の海はゆたかだった

ヤブ蚊が多いから、生木をもやして蚊除けにした。効果抜群で蚊はいなくなったが人間にも効いた。充満した煙で目をあけられず、のどがイガイガになった。

小屋のなかは一部に木の床があり、ほかは土間のようになっていた。じめっとした土の上に横たわるのはさけたい。ある晩、寝場所をきめるじゃんけんに負けたツルは、「煙もないしすずしいし外のほうがええわ」と、ひとり外で寝た。

翌朝、腫れぼったいジャガイモのような顔をした見知らぬ男が「おはよう」と声をかけてきた。顔中蚊にさされたツルだった。

ベラは捨てニイナとフナムシを食う

昼間は縄文人のように魚や貝をとる。釣りは九州男児のクマ（1期生）や、島根の漁村育ちのヤマネ（同）、ザイールのセージ（2期生）がうまい。

一番よく釣れたのはベラという魚だ。

「ベラなんかまずくて食えんぞ！　すてろ、すてろ！」

「餌盗り」「外道」だというヤマネの助言で、みんな放流した。

あとでしらべると、瀬戸内海あたりではベラは高級料亭でもつかわれ、刺身でも煮つけでも唐揚げでもよろこばれるらしい。

だれでも簡単に採取できるのはニイナという巻き貝だった。ニナ貝、シッタカ、バテイラ、ビナ……など地域によって無数の呼び名があるが、岩場や潮だまりをさがせばすぐにみつかる。

これは翌年の北海道サバイバルでうんざりするほど食べることになるので、隠岐で食べたことをわすれていたが、「ゆがいて身をほじくりだして、炊き込みご飯にしたらうまかった」とコヤマに指摘されて、がっついて食ったのを思いだした。砂抜きをしていないからジャリジャリしたはずだ。

1期生（2回生）のツムラは、飯盒でたいた米を油とコショウで味つけして「（餃子の）王将のチャーハンの味や！」と、よろこんでいた。彼は四国の中小企業の社長の息子で、背が高くてやさしい風貌だから当時の1期生で唯一恋人がいた。ボヘミアンのなかでは「おぼっちゃん」的な存在なのだが、食べものの好みは庶民的だった。でも王将のチャーハンだって、卵や人参や肉片がはいっている。油をからめただけの飯といっしょにするなんて失礼な話だ。

サバイバルでは食料を確保できる人間の発言力が強まり、ヒエラルキーができあがる。

一方、はたらくのがきらいなコージ（1期生）は、すわりやすい大きな岩を「コージ岩」と名づけて木陰におき、日がな一日ボケーッとすわっている。愛媛出身の彼は野球部出身だが、三角おむすび型の力のぬけた人なつこい顔で日ごろから怠惰を旨としていた。ここまで徹底するとこれはまた存在感が高まり、お地蔵さんのようにありがたがられた。

ぼくは釣りは不得手だから、貝や山菜など、食べられるものがないかとさがしていた。

中学時代、田んぼでとったカエルを砂糖醤油で焼いて食べたことがある。

大きなナメクジをみつけたとき「ナメクジだけはぜったい食えないよな」と友人が言うから、「調味料があればいけるぞ」と反論した。「食ったら千円やるよ！」と言うので、塩をふって錠剤の大きさまでちぢんだナメクジをゴクンとのみこんで千円をせしめたこともある。１００円だったかもしれない。

自分の機智を自慢するつもりでその経験をはなしたら、「フジーはカエルやナメクジやウジ虫も食う」ということになり、「フジャー」というあだ名が、ウジ虫を食ったというデマとともに「ウジャー」になり、ナメクジを口にしたために「ナメクジャー」とよばれるようになった。

サバイバルでも新しい食材をもとめてさがした。

小石の浜には、ゴキブリに似たフナムシがガサゴソと音をたてて大量にはいまわっている。これを食料にできたら腹いっぱいになるだろう。

1匹つかまえて分解してみた。胴体は……ゴキブリの羽根か甲虫の殻のようで食べられそうにない。唯一、半透明の腹だけはゼラチン質にみえた。ためしに口にいれてみるとやわらかく、海水でしょっぱいから味もわるくない。でも寄生虫がいそうな気がしてもう1匹食べようとは思えなかった。

「で、どんな味なんや？　もう1匹食ってみいや。写真にとりたいし」

コッボ（1期生）がしつこくせまる。

「まあまあの味や。自分でためしたらええやん」

フナムシを手わたそうとしたが、彼はうけとらなかった。


巨大なうんこ、犯人は……


「衣食住」は大切だけど、大人数のキャンプではもうひとつ大事なことがある。排泄だ。

十数人がそこかしこにうんこをしたら大変なことになる。そこで、森の一部を便所エリアに指定し、排出したら土をかけておくというルールをもうけた。

ところが、なかにはエリアを無視して、しかも埋めないやつがいるから、ときおり悲鳴があがった。

「なんやこのでかいうんこ！　ふんでもうたやんか！」

ぼくも腰をおろそうとしたら岩と岩の間に巨大なうんこがあって、間一髪で回避したことがあった。

「だれや！　こんなとこに巨大なクソしたんは！」

「あ、それたぶんオレや。がまんできんかってん」

野放図に放置された巨大なうんこはたいていコツボのものだった。彼は性格もあつくるしいがうんこまであつくるしい。

彼の名はコツボテツローだが、サバイバル以来、ノグソケツローとよばれるようになった。

新聞記者になってから「快便」の定義について取材したことがある。
第2次大戦中、米軍が日本軍の露営地跡をしらべて、のこった便の量から兵力を推測したが、捕虜からきくと、実際の兵力は推測した数よりはるかにすくなかった。当時の日本人は大量の米を食べていたから、米国人がおどろく量の大便をしていたのだ。
戦後直後の日本人の繊維摂取量は1日27グラムだったが、現在は14グラム程度。日本人のうんこは戦後70年間で、立派なバナナ型から、べちゃべちゃで形がない欧米人型に変化してきたという。
ノグソケツローの巨大なうんこは、1日4合の米麦で食物繊維を大量に摂取してきた結果だったのだ。

おぼれる隊長、あざわらう丁稚

1期生（2回生）は素朴な田舎者が多いことは先に書いた。なかでもヤマネは、泥酔した際に、「デンセンマンの電線音頭」（1976～78年のテレビ番組「みごろ！ たべごろ！ 笑いごろ！」でヒット）のような「ヤマネ踊り」をおどってゲロを吐くという特技以外に存在感がなく、小柄でおとなしくてなさけない風貌から「丁稚」とよばれていた。

彼は島根県の漁村育ちだ。サバイバルがはじまると、幼いころつちかった素潜りの技術で一気にスターダムをのしあがった。

大学の生協食堂から無断でかりてきたナイフを手に海中に姿を消すと、1分後には左手に大きなアワビを手にして浮上する。

彼におしえられてぼくらがもぐってもアワビはみつからない。

「おまえらどこに目をつけてるんや。保護色で岩にばけているけど、貝殻の穴から小さな触手がチラチラみえてるやろ！　この程度がわからんのか、ほんま、なさけないやつらやなぁ」

春からみんなに「なさけない」と言われつづけた鬱憤をはらすかのように、ヤマネはえらそうに講釈をたれる。ぼくらは彼のとってくるアワビがほしいから反論できない。とれたてのアワビ、とくにその肝が抜群においしいのだ。（注：アワビやサザエの漁獲は違法です）

サバイバルを経て、「なさけない丁稚」はいつしか「師匠」とよばれるようになった。

おとなしい1期生にたいして、ぼくら2期生は個性派ぞろいだった。最初こそ「ツルさん」「ヤマネさん」と先輩をたてて敬称をつけていたが、いつしか「さん」は消え、「ヤマネ！」「コージ！」「ツルちゃん！」とよぶようになった。

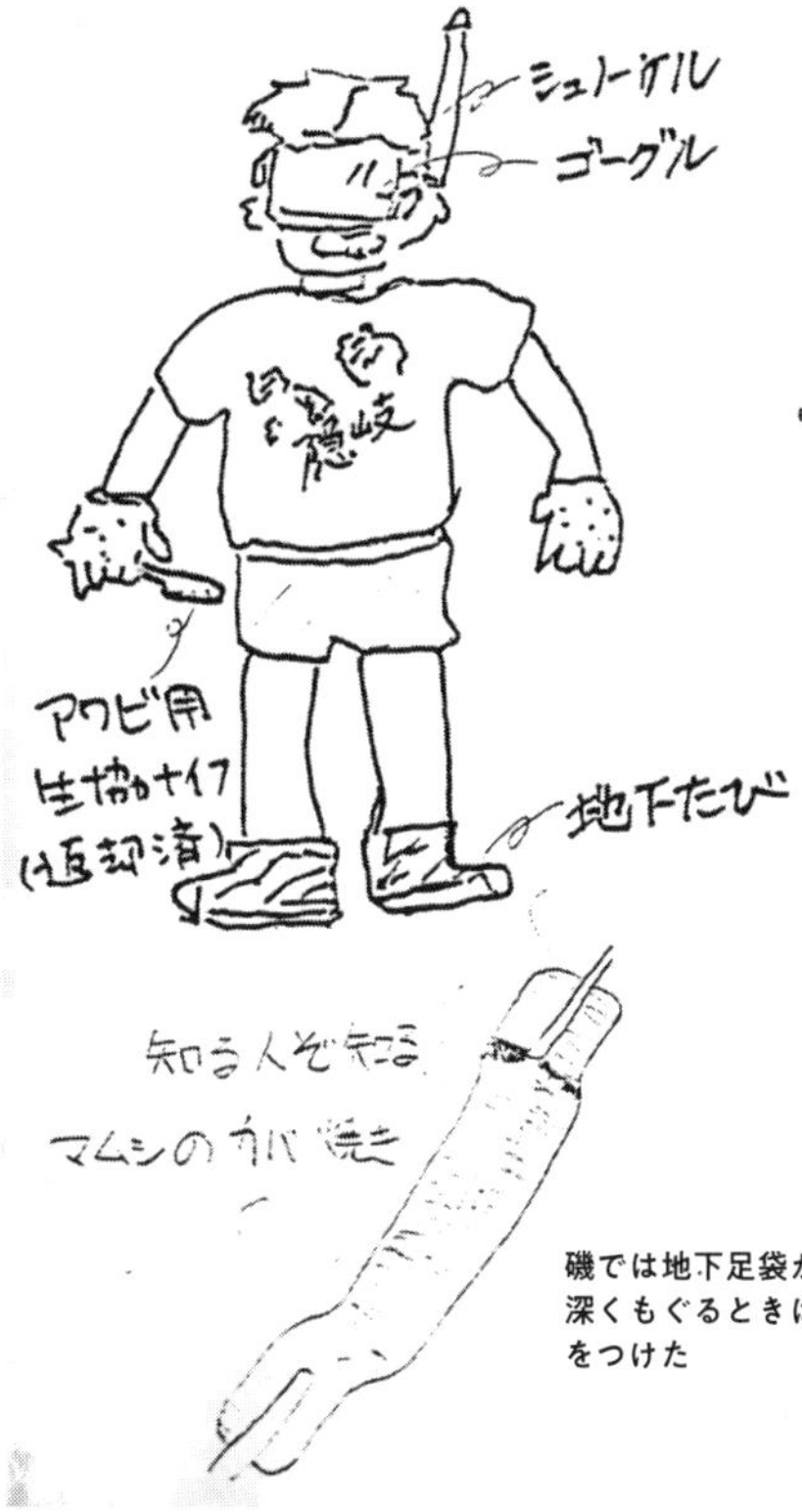

磯では地下足袋が大活躍。
深くもぐるときは足ひれ
をつけた

アワビ、アワビの肝、みそ汁……。キュウリ
とみそは漁師が差し入れしてくれた

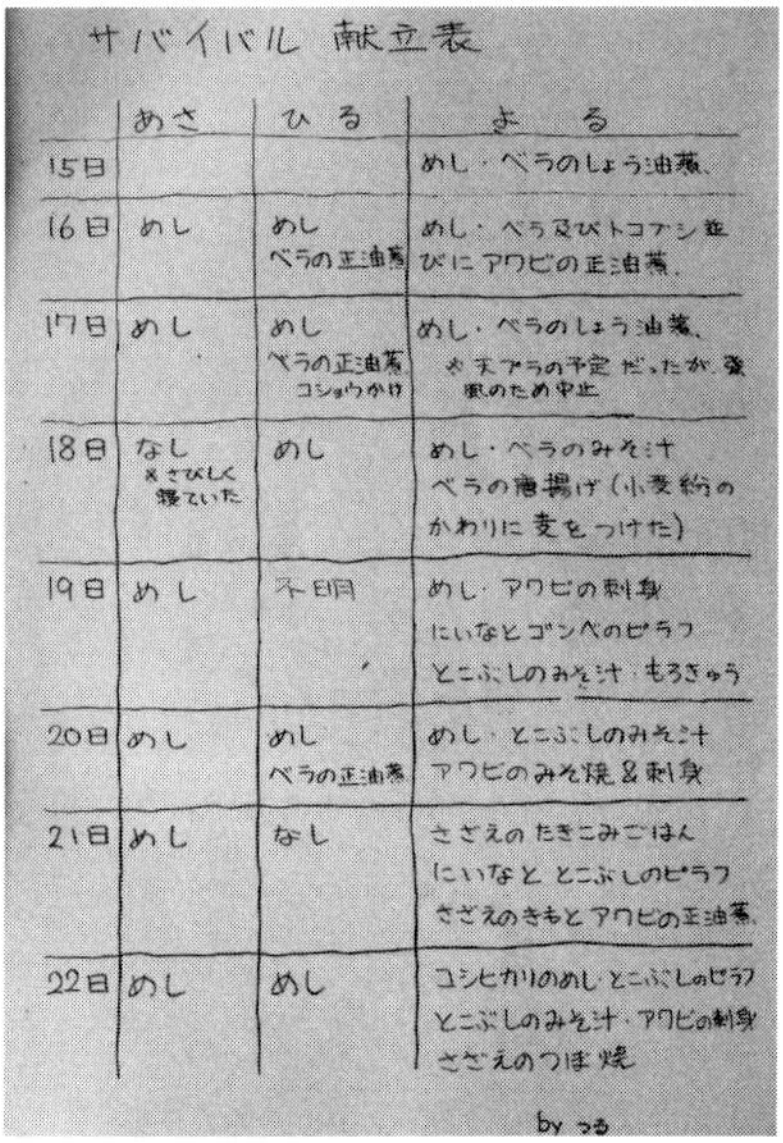

サバイバル献立表

	あさ	ひる	よる
15日			めし・ベラのしょう油蒸。
16日	めし	めし ベラの正油蒸	めし・ベラ及びトコブシ並びにアワビの正油蒸。
17日	めし	めし ベラの正油蒸 コショウかけ	めし・ベラのしょう油蒸。 ※天プラの予定だったが、強風のため中止
18日	なし ※さびしく寝ていた	めし	めし・ベラのみそ汁 ベラの唐揚げ（小麦粉のかわりに麦をつけた）
19日	めし	不明	めし・アワビの刺身 にいなとゴンベのピラフ とこぶしのみそ汁・もろきゅう
20日	めし	めし ベラの正油蒸	めし・とこぶしのみそ汁 アワビのみそ焼&刺身
21日	めし	なし	さざえのたきこみごはん にいなととこぶしのピラフ さざえのきもとアワビの正油蒸。
22日	めし	めし	コシヒカリのめし・とこぶしのピラフ とこぶしのみそ汁・アワビの刺身 さざえのつぼ焼

by つる

隠岐サバイバルでの
食事の記録

2期生のなかでもセージは、「ザイールの石油王の隠し子」とハッタリをかまして以来カリスマ性を発揮し、いつしか「隊長」と自称するようになっていた。

しかし、おごれる者は久しからず。

ある日、文覚窟ちかくの磯で釣りや貝採りをしていると、沖合をフェリーが通過して大きな波が断続的におしよせた。

ヤスを手におよいでいたセージは、この波にのまれた。海水をのみ、岩にすがりついては波にひきもどされる。何度も上陸しようとするが、手足をゴキブリのようにバタバタうごかすばかりで、岩にはいあがることができない。

岩の上で釣りをしながらこれをみていたヤマネは、全身をよじらせながら爆笑しつづけた。

命からがら陸にあがったセージは本気でおこった。

「人が死にそうになってるのに、なんや！」

それから3日間、彼はヤマネと口をきこうとしなかった。

ふつうの社会では、死にかけたセージに同情があつまり、せせらわらっていたヤマネは非難されるのだが、ボヘミアンでは逆だ。

「セージって、いかつい風貌のわりに臆病で、けつの穴の小さいなさけないやっちゃなぁ」とコツボ。

「船の波がきたら、沖でおさまるのをまったらええのに、ほんま海の常識を知らんやっちゃ」と加害者のヤマネ。

以来、「隊長」の権威は地におちた。「隊長」は尊称ではなくなり、「おい隊長、ちょっと酒買ってこいや！」「隊長やろ。薪をひろってこい」というときの呼び名になった。

ヤマネがかがやいたのはサバイバルの1週間だけなのだけど、30年後、50歳をこえても「伝説の海人（うみんちゅ）」を自称し、態度はでかいままだ。

隠岐サバイバル㊦開き直った脱走犯

マムシの恐怖、1回生4人の決意

サバイバル3日目。木こりの小屋から文覚窟の岬にむかう途中の川沿いにヘビがあらわれた。頭は三角形。胴体に銭型の斑紋があるまがまがしい姿はまぎれもなくマムシだ。

大騒ぎの末、ナタでしとめ、蒲焼きにした。味は穴子ににている。巨大な野糞をまきちらすコツボはよほど気にいったのか、その後何年も「マムシうまかったなぁ。また食いたいなぁ」と言っていた。

一方、女にもてるシモザキとタケダ（いずれも2期生）は「こんなところでマムシにかまれて死にたくない」とふるえあがった。

野球部でヘッドスライディングをくりかえしていたシオモト（2期生）は、マムシよりも夜の蚊の襲来にうんざりしていた。

吉田寮生のトダは、刺激がない退屈なキャンプ生活と海の冷たさにへきえきしていた。

その日の夜、小屋のなかでだれかが「脱走しよう」とつぶやいた。

4人は堰を切ったように口々に脱走のことをしゃべりつづけた。

「やるなら今しかない！」

プロレス好きのトダがアジると一気にヒートアップした。

彼らはもちこんでいたサークル共有の日記「ボヘノート」に次のようにつづった。

「マムシにかまれたら医者もいないし電話もないし、死ぬしかない」（タケダ）

「たかがキャンプに命はかけたくない」（シモザキ）

「ただただメシとメシの間にメシのことしか考えない無意味な時間がすぎていくのがたえがたい」（トダ）

翌朝、ほかのみんなが海でもぐっているすきに4人はこっそり逃げだした。

釣りをしていたねずみ男そっくりのオータは、4人が海沿いを去っていくのをみて、「ま、気をつけてな」と大人の対応でみおくった。

一番ちかい集落までは海岸線を5キロたどらなければならない。山が海に一気におちこんでいるから、海沿いには歩ける浜がない。リュックをせおったまま、4人は何度も何度も海を泳いだ。6時間かけて集落にたどりついたときは、身体のみならずリュックの荷物までずぶぬれだった。

反省してもどった男に非難集中

脱走した4人のうち、シモザキ、タケダ、トダの3名は浦郷港からフェリーにのったが、ただひとり、シオモトだけは仲間をおいて脱走したことを悔い、後発隊が乗る漁船で文覚窟の浜にもどってきた。野球部でヘッドスライディングをくりかえしたシオモトは、脳みそまで筋肉でできているほどの体力と、まじめさだけがとりえだった。

サバイバルも中盤となり、「王将の餃子食いてぇ」「ビールのみてぇ」……と、みんなの気持ちがさくれだっていた。脱走組への怒りを、連合赤軍の「総括」もかくやと思わせるきびしさでシオモトにぶつけた。

「あれだけ議論してきめたのに、なんでひとことも相談してくれへんのや」(ツル)

「はっきりいって、おまえらの自分勝手には失望したわ」(コッポ)

「ほんまにおまえら甘ちゃんやな。マムシにかまれたら死んだらええやん」(コヤマ)……。

「反省しています。ごめんなさい」

シオモトは謝罪をくりかえした。

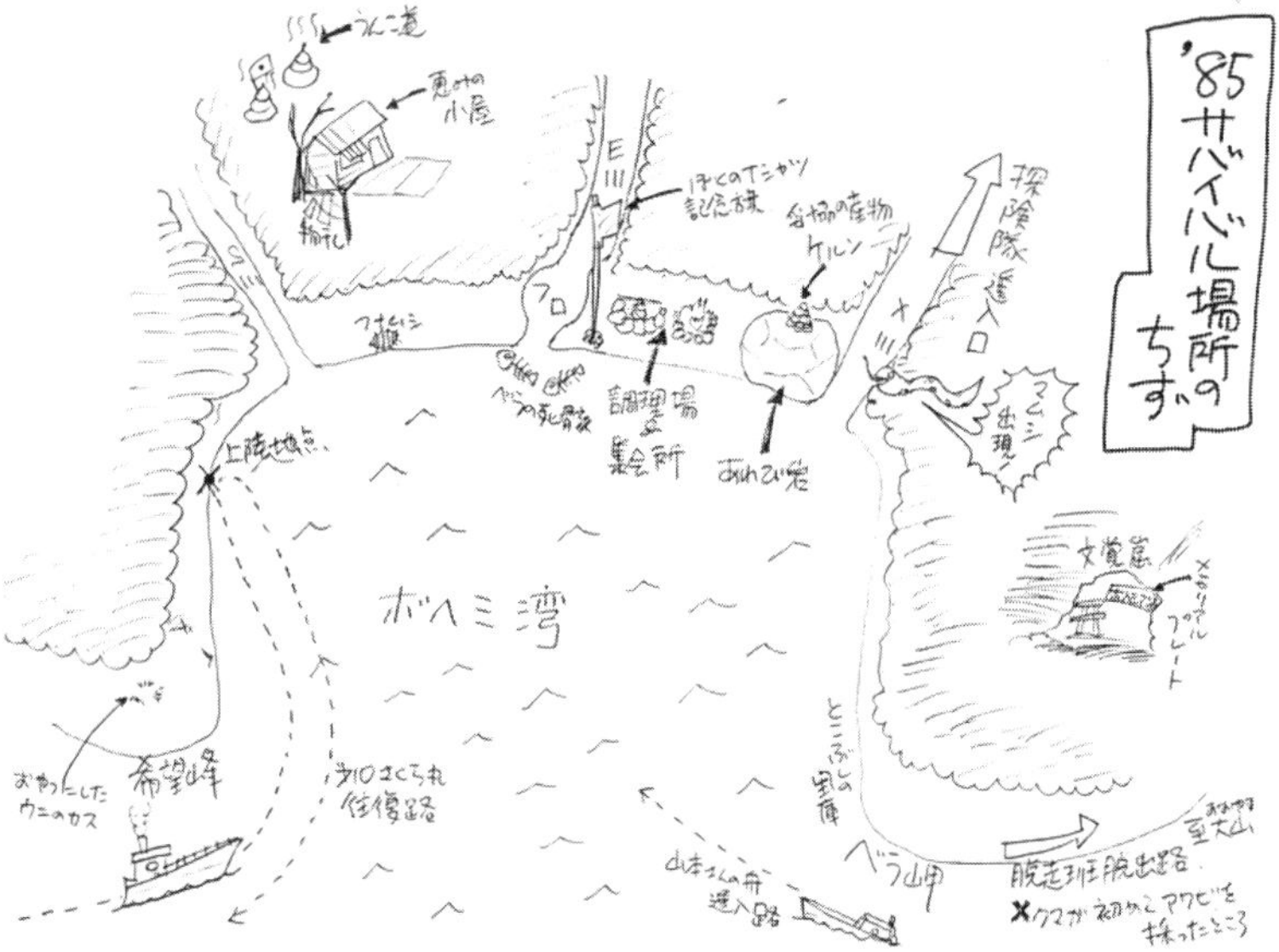

焼火山のふもとの湾を「ボヘミ湾」と名づけた。外界とへだてられた別世界だった

国賀海岸の絶景

サバイバル最終日、むかえにきた漁船で港にもどり、海食作用による大断崖や奇岩がそそりたつ国賀海岸を観光して解散した。ここからは、それぞれ個人の旅がはじまる。

コヤマは「聖地巡礼」として、隠岐・島後の漁村、都万村（2004年から隠岐の島町）にある「教祖」の実家の雑貨店をたずね、教祖のお母さんからアイスをごちそうになった。ぼくは一度埼玉県の実家にもどってから、第2章「ヒッチハイク」の項目に書いた北海道旅行にでかけた。

正直者はばかをみる

9月中旬、夏休みが明けてひさしぶりに例会がひらかれ、全員が再会した。

隠岐サバイバルから脱走したタケダやシモザキは、すっかりひらきなおっていた。

「あの6時間の脱出は命がけだった。浜でだらだらしていたやつらより、俺らのほうがよっぽどサバイバルや」

タケダはランボーの映画のポスターをまねて「タケダ怒りの脱出」というイラストをえがいた。ほかのメンバーも、「脱走をサバイバルにおける新しいイベントと考えることもできる」と、4人の行動をクリエイティブなものととらえ、ヘラヘラと笑ってゆるした。

これに納得できないのが、反省してサバイバルにもどったシオモトだった。

「おまえらなんや！　俺のことはあれだけ非難しておいて。こんなひらきなおりをゆるすんか！」

「まあまあ、ええやんか。すぎたことや」

コツボは笑ってシオモトをいさめる。

「コツボさん、それはひどいで。ほんま、おまえら最低やな。人間不信になるわ……」

くどくどとぐちりつづけるシオモトにだれかが言った。

「シオモト、くどいぞ！　そんなネチネチしてるからおまえはもてへんのや！」

だれの発言が記憶にないけど、たぶん、脱走犯のひとりタケダだ。

ふつうならシオモトに同情があつまってもおかしくないのだが、やっぱりボヘミアンではそうはならない。

正義がかならずしも勝つわけではないのである。

島流しの僧、文覚上人が夢枕に

隠岐サバイバル野営地の近くにあった文覚窟には「文覚」という名の僧がすんでいたという。京の都の僧侶が島流しにあったのだろうと、ぼくらは想像していた。

木こりの小屋で蚊とたたかいながらねむった夜、山伏姿の文覚がぼくの夢枕にあらわれ、生いたちをかたった。ぼくは京都に帰ってからその内容をつづり「古代天台宗崩壊と文覚」という大論文を「サバイバル文集」にのせた。

文覚は、幼いころから女人禁制の比叡山でそだち、きびしい修行をつづける若手僧侶だった。ところがある日、肉や魚を禁じられている比叡山に日本海からアワビがとどけられた。

味わったことのないおいしさだ。しかも、アワビはホト（女陰）に似ているとつたえきいていた。

「これをおまえのあそこにおしつけてみい！」

出家前に京の街で遊郭にかよった経験がある先輩僧に言われて、大原の里をのぞむ崖の上で文覚はアワビでよからぬ行為におよんだ。あまりの心地よさに気を失い、気づくと、崖から大原の里に転落し、庄屋の屋敷で介抱されていた。庄屋には3人の娘がいた。

女人禁制の叡山でそだった文覚は「女」をみるのははじめてだ。無我夢中で女たちのアワビをさがし、ことにおよんだ。その結果、彼は隠岐にながされた――。

夢のなかの文覚がかたった話なのだけど、なんだか事実のように思っていた。少なからぬボへのメンバーも、ぼくがつづった「文覚伝」を事実と信じていたらしい。

20年後、文覚はじつは平家物語にも登場する有名人であることを知った。

俗名は遠藤盛遠。平家物語によると、若

京都・神護寺のある高雄山頂上に「文覚の墓」はある

いころ門院警護の武士だったが、親友の奥さんをうばうため親友を殺そうとした。ところが、文覚が親友を斬り殺したと思ったら、それは文覚の襲撃を予期して旦那のふりをした奥さんだった。罪をつぐなうため文覚は19歳で出家した。

出家後も気性のはげしさはかわらない。

荒廃していた神護寺（京都）復興をこころざし、後白河院をたずね「今この場で千石の荘園を寄進してほしい」と強訴したがみとめられず、後白河院に罵詈雑言をあびせてとらえられ、伊豆にながされた。そこで8歳年下の源頼朝とであい、平家討伐をそそのかした。後白河院と頼朝のあいだで反平家の工作に奔走し、後白河院の院宣を頼朝にもたらしたとされている。

文覚は、後白河法皇と頼朝という後ろ盾をえて、広大な荘園を獲得し、神護寺と東寺を復興させた。

だが1192年に後白河院、99年に頼朝が死ぬと、政争にまきこまれて佐渡にながされた。一度はゆるされて1203年正月に帰京したが、苦労してきずきあげた寺領荘園は後鳥羽院の近臣らに分配され、神護寺は荒れていた。激怒した文覚は後鳥羽院をののしり、佐渡流罪の赦免から2カ月もたたずにふたたび逮捕され、対馬にながされた。半年後、鎮西（九州）で死んだ。

「鎮西」は対馬のことなのか、それ以外の九州をしめすのかはさだかではない。

ながされた先は対馬というのが定説だが、平家物語の「延慶本」は隠岐という説をとる。

文覚は後鳥羽院を隠岐によびよせようと呪詛し、「わしの首は高雄の都の見える高所に置け、都を睨み（院を）傾ける」と遺言して死んだ。その結果、後鳥羽院が承久の乱（1221年）に失敗して隠岐にながされたと「延慶本」はしるす。ぼくらがサバイバルをした西ノ島の隣にうかぶ知夫里島には「文覚の墓」がある。

2022年7月、京都の神護寺の「文覚の墓」をたずねた。山の中腹にある金堂（本堂）の裏には開山の祖である和気清麻呂の墓がある。ところが文覚の墓は金堂から15分ほどのぼった高雄山の頂上（342メートル）に、性仁親王の墓とならんでいる。和気清麻呂より格上のあつかいだ。

文覚の墓からは南東の方角に京都タワーをはじめとする京都の町がみわたせる。文覚の遺言どおり、都にすまう後鳥羽上皇を呪うのにはぴったりの場所だ。

夢をもとにしたぼくの文章の「文覚は奇人」という見方は正しかったが、事実のほうがよっぽどおもしろい。

ぼくの想像力では夢の力をかりても小説家にはなれない。事実は小説より奇なりだ。もう小説家の夢はあきらめよう。そう思って、将来の志望を新聞記者にかえたのはこのころだった。

積丹サバイバル1986

アイヌの浜で「米なし」サバ

1985年の隠岐サバイバルから話は翌年にとぶ。

1986年のサバイバルも、長い長い議論からはじまった。

ぼくら2期生が2回生になり、あらたに3期目の新入生10人ほどがボヘミアンにくわわった。おとなしいヤツらが多いから、サバイバルではなくふつうのキャンプになってしまうのでは……と、サバイバルが死ぬほど好きなぼくは内心危惧していた。

ボヘミアン3期目の夏はなにをするか。3つの案がだされた。

川サバイバル（川サバ）**：より少ない収穫できびしい環境で工夫してくらす。**
海サバイバル（海サバ）**：従来のサバイバル。**
北海道ヒッチ旅行：出会いをもとめて旅するロマン路線。

議論をへて「海サバ」にきまった。行き先としては、これまで、ボヘミアンがサークルとしては足をふみいれたことがない北海道に着目した。

道路がなくて、水があって、集落から2時間程度でたどりつけるところ……。さがすうちに、積丹半島をぐるりとまわる国道229号が未完成であることがわかった。神恵内村の川白と積丹町の沼前のあいだの約7キロだけ道路がないのだ（1996年に開通）。

地形図を丹念にみると、川白から3キロの地点にオプカルイシ川というアイヌ語っぽい名前の川がある。ここしかない！

1985年の隠岐サバイバルではみそを持参するか否かの神学論争に10時間かけた。

どんなサバイバルにしたいか？　86年もやはり紛糾した。

「たえるだけじゃつまらん。楽にあそびたい」

「自然のなかでボーッと、のんびりすごしたい」

脱走経験者のシモザキと、アウトドア経験のない3期生の多数派は主張する。

ぼくは「ふつうのキャンプより、隠岐のようなサバイバルのほうが充実感がある」と反論した。

「ストイックにやれるだけやって、たおれたら入院したらええやん！」

「死んだらええやん」が口癖のコヤマはあいかわらずシニカルだ。

ボヘミアン3期生にあたる1回生は、ぼくら2期生にくらべるとおとなしい。「ふつうのキャンプ」派が多数をしめると予想していたが、議論は意外な方向にむかう。

きっかけは名古屋出身の文学部1回生カミサカ（3期生）の発言だった。

彼は太宰治や坂口安吾、尾崎豊が好きなインドア派で、アウトドアにもっとも縁がないタイプと思われた。実際、その後の活動でも登山やヒッチハイクよりも「読書会」を好んだ。その彼が不機嫌そうに口をひらいた。

「そもそもサバイバルっていうなら主食の米をもっていくのもおかしい。ふつうのキャンプとのちがいを明確にするべきや」

ハードなアウトドアをもっとも忌避しそうなカミサカがきびしい意見をのべることで、「楽でたのしいキャンプをしたい」という声は封じられた。その後もくすぶる「たのしいキャンプ派」の悪あがきにたいしては、隊長セージが前年にひきつづいて妥協案を提示した。

「サバの期間を1週間から3日間に短縮して、そのかわりコメも持参しない。あまった日程はヒッチで北海道をまわるというのはどうや」

　こういうまぬけな折衷案はセージの得意技だ。前年につづいて彼の案が採用されることになった。主食の米を持参しないかわりに、みそやマヨネーズなどの調味料はゆるされた。

　セージはのちに弁護士になるが、まぬけな調整能力を裁判所でも遺憾なく発揮しているらしい。

恐怖のエキノコックス

　サバイバルの大筋がきまったところで、むずかしい顔をして口をひらいたのがコヤマだった。

「北海道はエキノコックスがあるやろ。大丈夫なんか？」

　エキノコックスとは、キツネやイヌの糞にふくまれる虫卵を口から摂取したときにおこる病気だ。発症したら、外科手術をしなければ死にいたるといわれている。

「大丈夫ではない」としたら、イチから議論のやりなおしになる。もしかしたら北海道サバイバルは無理ということになりかねない。

「おれ、去年ヒッチで北海道は全部まわったけど、エキノコックスは道東や道北で、道南は大丈夫らしいで」

　ぼくは、ヒッチハイクで小耳にはさんだ内容を、さもよく知っているかのように断言した。

　今ならばインターネットで情報の真偽はすぐに確認できるが、当時はエキノコックスについて知るには図書館にいってしらべる必要がある。「大丈夫や！」と自信満々で断言すればそれがとおった時代だ。インターネット以前の議論では知識量が重視されたため、「知ったかぶり」は有効な武器だったのだ。

ただ、コヤマは常人ではない。凝り性でなんでも徹底的にしらべるくせがあり、その強烈な探究心ゆえに麻雀はプロなみの腕だった。

エキノコックスについて図書館でしらべたおした彼は、数日後、ぼくに怒りをぶちまけた。

「エキノコックスは北海道全体でおきてるやんか。しかも初期症状がでるまで10年以上かかるんや。フジー、おまえは責任をとるんか？　フジーのいうことは金輪際信用せん！」

それでも、議論がむしかえされることはなく、「ま、なんとかなるやろ」と、ボヘミアンらしい根拠のない楽観主義で実施がきまった。

エキノコックスは、20世紀になって千島列島から北海道にはいってきた。最初の流行は、毛皮とネズミ駆除のために導入されたキツネによって礼文島で発生した。１９３７年から６５年までに１１４人の患者が確認された。一方、１９６５年にはじまる道東での流行は、千島列島から流氷の上をわたってきたキツネが原因と推定されている。１９９９年から２０１８年までは計４２５例あり、９割は北海道だが、本州の飼い犬からも感染例が報告されている。

住居はビニールシート、主食はニイナ

京都からヒッチハイクで北上するやつもいたが、ぼくは舞鶴から新日本海フェリーにのった。当時の運賃は1万円を切り、近畿と北海道をむすぶ公共交通機関では最安だった。

小樽港に午前5時に上陸すると、港の階段の踊り場で先発組がシュラフにくるまってマグロのようにころがっていた。

それぞれ積丹半島をめざしてヒッチを開始し、昼ごろには川白という国道229号のどんづまりの集落についた。漁港の桟橋で昼寝をしてメンバーがそろうのを待ち、「この先通行止」の看板をのりこえて岩がゴロゴロの海岸をたどる。奇怪な岩石と灰色の海と、重く雲がたれこむ空。2時間歩いてオプカルイシ川の河口に到着した。浜は猫の額ほどしかなく、背丈ほどの雑草がおいしげっている。草をなぎたおして青いビニールシートをしき、3枚のビニールシートを連結させた台形の屋根でおおうと、19人が横になれるテントが完成した。

だがとにかく寒い。「36年ぶりの異常低温」「気温は平年より10度低い」とラジオは報じている。ガチガチと歯をならしながら海にもぐるが、前年の隠岐とちがってアワビもサザエもいない。小さな巻き貝のニイナとウニしかとれない。魚もベラが1日5尾も釣れればよいほうだ。

数尾の魚とウニをみそ汁にして、あとはニイナをゆでてごはんがわりとする。米がないから、獲物の少なさはそく空腹につながる。テントで横になるころには腹がグーグーとなりやまなくなった。

大雨の予報に5人が逃亡

2日目の朝、冷たい雨がふりはじめた。

「低気圧が発達しているため、大雨になるでしょう……」

ラジオからながれる天気予報にみんなの表情はくらい。

「寒くて泳げないし、飯も食えない。こんなところで空腹にたえてなにがたのしいんや」

「精神的にまいってしまいそうや」

「こんなん、我慢しつづけてなんの意味があるんや」

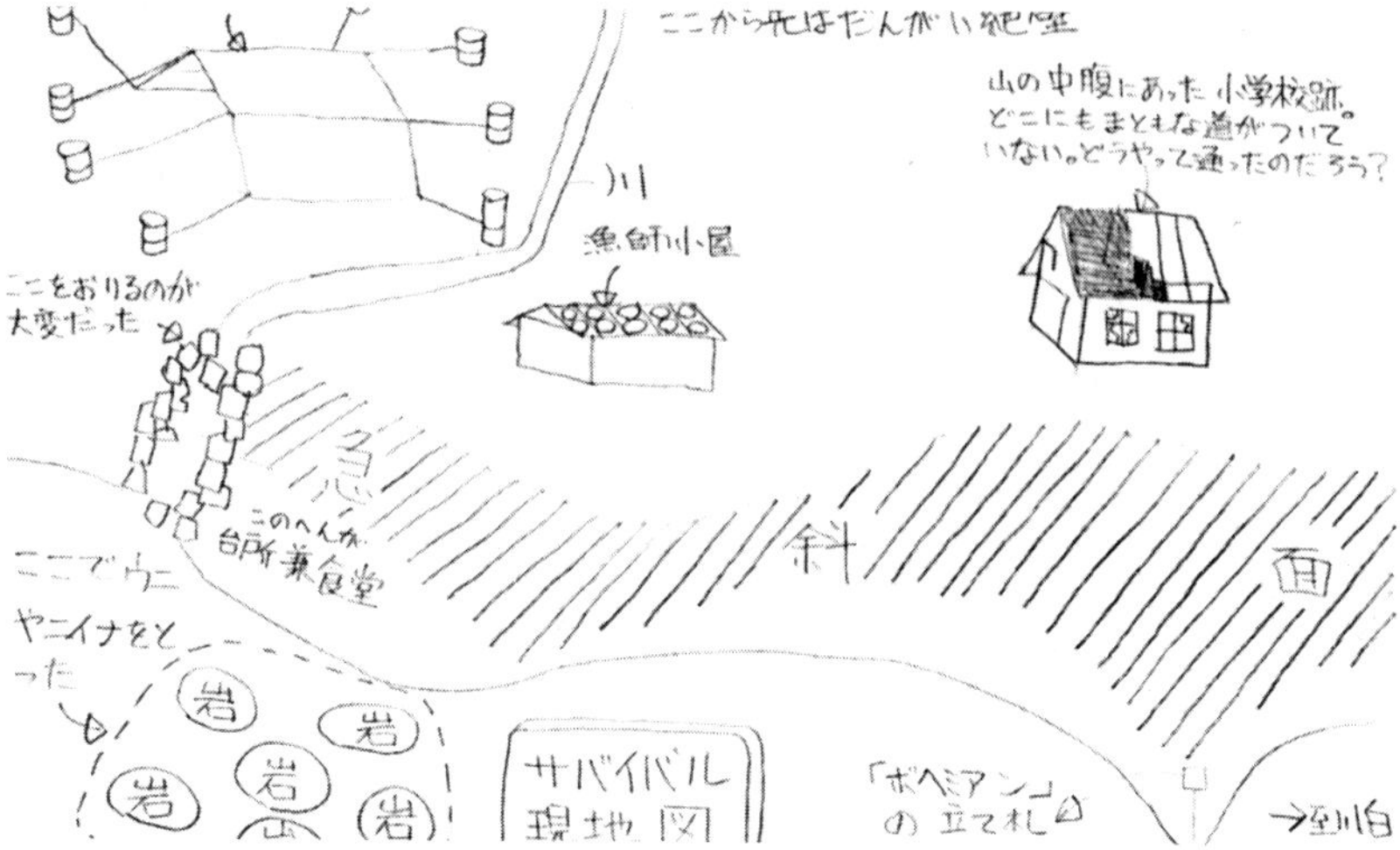

浜がせまく、雑草がおいしげっていたが、19人がすみつくと
それなりの生活のにおいがただようから不思議だ

テント構造図

屋根はビニールシート3枚、穴にロープを左右にくぐらせ両端のぶらさした木に縛りつけ、真ん中にも木を入れてきた。雨漏のため、新聞紙・ガムテープが内側から数多くはられた。両端の木はテントの両端は、石をロープの残りとビニールテープで縛り重りとした。

床は、半分がビニールシート、半分がレジャーシートで寄せ集めだった。寝場所決めの激しい闘いが行われた。

尚当地はボヘミアン到達前はただの草むら、ボヘミアン撤退後はUFOの着陸跡となり、学界の注目を浴びているそうです。

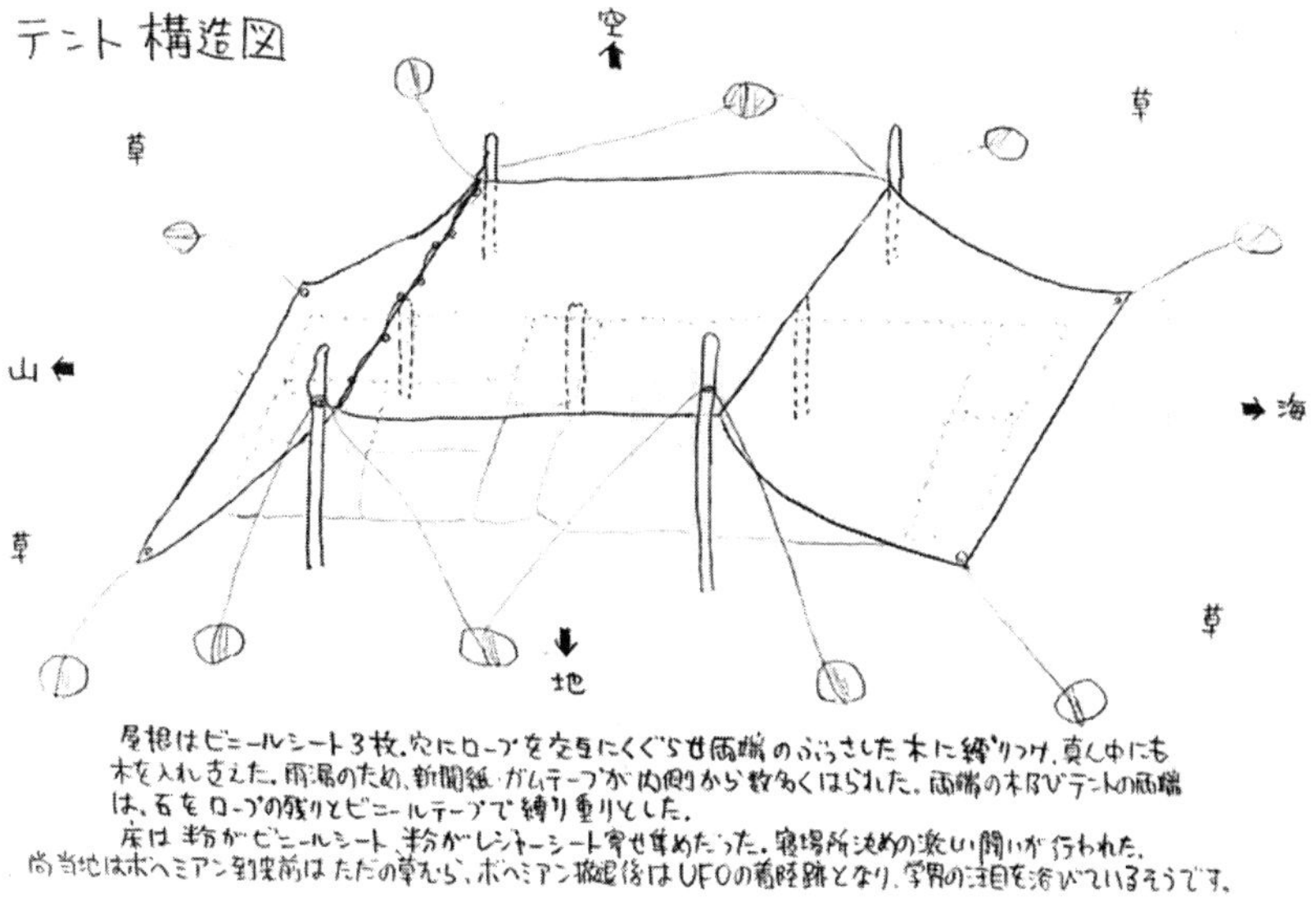

背丈ほどの草をなぎたおした上にたてた巨大テント

気の弱い3期生から弱音が続出する。2時間の話し合いの結果、前年脱走した2期生のシモザキと3期生の4人が撤退することになった。

シモザキは2年連続の脱走をひらきなおり、秋になってつくった「サバイバル文集」にこんな文書をのせた。

「毎年恒例となりました脱走は本年も盛況のうちに幕を閉じました。皆様からの強いご希望におこたえし87年も開催する予定です。参加希望者は必要事項を記入し、最寄りの脱走委員まで提出くださるようお願いいたします」

ニイナが主食の縄文生活

積丹サバイバルの「主食」となったニイナは、汁がなくなってカラカラになるまで煮たほうがこうばしいが、だし汁をたのしめない。いろいろためしたが、毎食つづくとゲップまでなまぐさくなってくる。マヨネーズやワサビ、しょうゆ……味つけを変化させるのも限界だ。稲作伝来以前の縄文人はこんな単調な食生活だったのだろうか。

「ニイナはもう体がうけつけへん」

3期生の隊員たちから弱音がもれる。

そんななか、海岸にはえているフキを灰でゆでて灰汁をぬき、砂糖と醤油でにこんだ煮物は大ヒットだった。大鍋があっというまにカラになった。一方、大量に採取したカラスノエンドウは、灰でゆでてもにがくて食べられなかった。天ぷらにすればおいしいらしいとあとできいた。

空腹で足もとがフラフラする。それでも、大雨時の避難場所をさがすため、周囲を「探検」した。

数尾のベラをぶつ切りにしみそ汁に。1人あたり2センチほどの切り身にありつけたらよいほうだった

海岸段丘の上に廃校がみつかった。

ここは明治から大正にかけてニシン漁でにぎわうオプカル石という漁村集落で、その廃校はかつての「安内小学校」だった。最盛期の児童数は50人をこえたが、ニシン漁の衰退とともに人口が減り、1966年にオプカル石地区の魚家8軒が川白地区に集団移転し、学校も67年に閉校した。

廃校内にはいってみるとごみだらけだった。でも雨はなんとかふせげそうだ。ほこりをかぶった日本酒の瓶がある。なかに液体がのこっている。なめてみたら、すえた味がして、はきだした。

テントにもどると、残留組はシュラフにくるまってゴロゴロころがっている。

「王将の餃子食いてぇ」

「ヤクルトジョアのみてぇ」

「粉チーズいっぱいかけてスパゲティ食いてー」

口にでるのは食べものの話題ばかりだ。

「薬ならのんでもええんやろ?」

「トローチはどうや?」

日が暮れると雨脚はますますつよまり、青テントの雨もりが増えてくる。穴やすきまにガムテープや新聞をはりつけて応急処置とするが、みるみる水がもれてくる。シュラフにくるまった14人がころがり、はげしい雨音のあいだに波がくだける音がきこえてくる。おおいかぶさってくるような圧倒的な闇のなか、1時間交代でヘッドランプの淡い明かりでテントをみはり、ビニールシートの屋根にどんどんたまるの水を傘でつついておとす。緊迫してけっこういそがしい。宇宙人の侵略から市民をまもるウルトラ警備隊のような気分になって、へたなゲームよりもおもしろかった。

砂糖水をすすり、笑いつづけた一夜

3日目、空腹にたえきれず、ほぼ全員が明け方に目をさました。幸いにも雨はやんでいる。アンモニアくさいねっとりとした尿がほとばしる。

この日、2時間あまりの話し合いの結果、「精神的に限界」と表明した3人が撤退した。

「腹がへるのも気温が低いのも事前にわかっとった。オ

夜明けまで1時間交代で雨漏りをみはる

レにとっては予想よりはるかに楽。みんながくるしんでいるのがたのしい。警告したのに『大丈夫、大丈夫』ってきかないんやから、ざまあみろや。この程度で限界だなんていうのは、あまい！」

いつもシニカルで「死んだらええんや」が口ぐせのコヤマは脱走組を痛烈に批判した。

前年の隠岐サバイバルとちがい、徒歩2時間で集落にでられる場所にしたことが安易な逃亡をうながしてしまったようだ。

のこった11人は、砂糖の袋をみつけて蟻のようにむらがった。湯をわかし、砂糖をいれてすすった。「ハエは友だちや。むちゃかわいいわぁ」と、3期生（1回生）のシカタがさけんだ。

朝はニイナをとってきてくらう。魚を釣って、うろこをとって、ぶつ切りにしてだしとしょうゆでゆでる。熱い汁をすするのは最高だ。8人の撤退は残念だったが、そのぶん食料調達が楽になり、食生活は改善された。

コージは前年の隠岐サバイバルと同様、到着したその瞬間からすわりやすい「コージ岩」をみつけ、たき火のわきに設置し、日がな一日そこにすわっているか、テントで横になっている。「ニイナが煮えたぞ」と声をかけると、そのときだけ「おー、メシメシ」と20個ほどたいらげてまたコージ岩にもどる。

たちあがる気力を失ったシカタもコージの隣でシュラフにくるまっている。

はじめからおわりまでペースがかわらないのが1期生（3回生）のクマだ。

九州男児のクマは、例会でもニコニコしているだけでなにも発言しない。撤退をみとめるかどうかの緊迫した議論のときも「まっ、ええんちゃうか」。なにかで同意をもとめると「まっ、せやな」。1日中磯にすわって魚を釣って、ニイナを食って、ひとことの文句も言わなかった。

午後になってようやく太陽が顔をだした。水平線にメラメラともえて沈む最初で最後の夕陽をながめながら、ぼくらは爪楊枝でニイナをつついて口にはこびつづけた。

最後の夜、解放感からかひたすら馬鹿話をして、みんな気が狂ったかのように笑いつづけた。

いつもきまじめで、ボヘミアンの会計などをささえているツル（1期生）が「とっておきの秘密」をかたりはじめた。

「祇園祭りでデートしたヨウちゃんがむちゃセクシーでボッキして、睾丸がいたくなって、『おなかがいたい』っていって、途中でデートをきりあげてしもたぁ」

以来、ツルは「ボッキー」と名づけられた。

「そんなあだ名、やめてよぉ、なんでなんだよぉー」

ツルはうれしそうに抗議した。

毎日まじめな顔でラジオをきいて天気図をつけるコヤマは「テンキー」。

「やっぱり、ナプキンよりタンポンのほうがええ。あてるよりいれたほうがエロチックや」とさけんだシカタは「タンピー」……。

しょうもない話が夜更けまでつづいた。なぜか空腹はそれほどかんじなかった。


4日目の朝、ビニールシートのテントをたたみ、ごみを焼き、川白にむけて出発する。ザックの重さがつらかったが、しだいに歩くペースは加速し、川白の集落がみえるといっせいに走りだし、集落唯一の雑貨店にかけこんだ。

菓子パンはすべて売り切れていた。脱走した8人が買い占めたのだろう。のこっていたチョコやジュース、チーズを買いあさってカンパイ。みるみる元気をとりもどした。

3日間の重苦しい倦怠感は精神的なものであり、3泊4日の「サバイバル」ごときは、肉体にとっては限界でもなんでもなかったのだ。


その日の夕方、それぞれヒッチハイクで札幌駅に集合した。この日は札幌の焼肉店に泊めてもらうことになっていた。

初日、小樽の港から川白にむかっていたコージが、積丹半島の国道でのせてもらった車のおやじに「サバイバル」のことをはなすと、「おまえらおもしろいなぁ。おれらはきょうはツブ貝をとりにきたんだ。密漁だけどな、ガハハ……」

コージはそのおやじと意気投合し、「札幌にきたらみんなでうちの焼肉店に泊まれ！」とさそわれていたのだ。


ひげもじゃのおやじが大きな冷凍車で札幌駅までむかえにきた。ぼくらは真っ暗な冷凍室につめこまれた。

「なかからは扉をあけられんぞ。このままとじこめられるんちゃうか？」

「おれらは焼肉の材料か？」

しゃべっていると車は急発進した。カーブでまがるたびに、真っ暗な冷凍室を右に左にころげまわる。なかなかのアトラクションだ。

到着したのは郊外の焼き肉店「味道苑」。半額で焼肉を食べさせてもらい（それでもぼくらには高かった）、座敷にごろ寝させてもらった。ひげおやじは延々とスケベ話を披露し、ばか笑いをしながら酒を無料でたんまりふるまってくれた。

サバイバルの話をネットに書いていたら、ぼくより5歳下の元ボヘミアンで新聞記者をしているピロユキからえらそうなメールがとどいた。

「おれらのときは米をふくめて食料調味料いっさいだめ。ヤスはOKやけど釣り道具もなしや。逃げたらモヒカン刈りというルールやったわ」

このように、年をへるごとに活動は先鋭化し、理性のたががはずれていく。それを好む新入生がはいってくるからますます先鋭化する。30年をへて、ボヘミアンが「京都一の変態サークル」とよばれるようになった理由がわかる気がする。

でも、「逃げたらモヒカン」というルールはすばらしい。「みんなできめたことはまもるべき」と、倫理や義務感にうったえるのではなく、「脱走」を事前に想定して「罰ゲーム」とともにイベントにくみこんでしまう柔軟性は、ぼくらにはなかった。

実際にモヒカンになったやつはいたのだろうか？　時とともに、髪を失ったやつは多いけれど。

夕張炭鉱の底辺で「寅さん」にであう

パンツで旅する男は流行の最先端

早朝、ノートに全員がひとことずつ感謝の言葉をしるして札幌の「味道苑」をあとにした。この日は根室本線沿いをヒッチハイクしてドラマ「北の国から」の舞台、富良野をたずね、「北海道のどまんなか」と称する新得町の根室本線新得駅で泊まる予定だ。

「寒かったねえ」

「なんたって36年ぶりの異常低温だったからなあ」

前日までの寒さがうそのように晴れわたり、気温はぐんぐんあがり、ザックをせおう背中は汗でべっとりだ。一方、コージの短パンはうすくてすずしそうだ。

「その短パン、すずしそうでええなぁ」

ぼくが言うと、

「これ、パンツや。下にはなんもはいてへんから、風がとおって気持ちええで」

コージのパンツ姿をみて、ぼくもズボンいらずのトランクスにきりかえた。だがトランクスが世の中であたりまえになると、パンツ一丁での外出は奇異の目でみられるようになった。そういう意味ではお地蔵さんのようにヌボーッとしたコージは下着の分野では流行の最先端だった。

最近はボクサーパンツが主流になり、トランクスは「おじさんのパンツ」になったらしい。グンゼの調査によると２００６年はトランクス45％、ボクサー20％だったが、２０２０年にはボクサー38％、トランクス22％に逆転した。

ぼくは、下着といえば、ブリーフとおやじの猿股しかみたことがなかった。

１９８６年春の初の海外旅行で、手ぬぐいの端を袋状にしてひもをとおしたふんどしを着用する30歳ぐらいの日本人旅行者がいた。「下着とタオル兼用だから便利だよ」と言われてしばらくためしたが、梅雨になると汗でしめった手ぬぐいが股にくいこんで気持ちがわるいので、ブリーフにもどしていた。

トランクスは１９１０年、ブリーフは35年にアメリカで誕生した。日本ではアメリカ映画をつうじて１９５０年代にブリーフがひろまった。「週刊平凡」１９８２年３月11日号の「芸能人の下着調査」によると、

- 近藤真彦（17歳）「白いズボンをはくことが多いから、下着も白に限られてきちゃう……」
- 沖田浩之（19歳）「無地で白。Ｍサイズのブリーフ。トランクスもいいけど、衣装によっては透けて見えちゃいますから」
- 新沼謙治（26歳）「ふつうのブリーフが多くて色は白ばかり」
- 五木ひろし（34歳）「白の、いわゆるブリーフがいちばん」

……と、ほとんどが「ブリーフ」だった。

「男は黙って柄物パンツをはくべき」とこたえた「イモ欽トリオ」の山口良一（27歳）だけが悪めだちしていた。

だがこの記事の9カ月前の1981年6月、ブリーフのイメージを一気に悪化させる事件がおきていた。「深川通り魔殺人事件」で容疑者が白ブリーフ姿で逮捕されたのだ。

トランクスは、1970年代のサーフィンブームで人前で着がえやすいことから若者にひろまりつつあったが、通り魔事件をきっかけにブレークして、ブリーフを一気にぬきさった。19 90年代にはヒップホップ人気から腰ばきの「見せパン」が流行した。

残雪の大雪　雪のオンザロックで乾杯

富良野のラベンダー畑は夕陽に赤くそまり、空とせっする若草色の丘は「北の国から」そのものだ。今にも純や蛍が丘をかけくだってきそうだ。ヤマネは校庭でサッカーをしている小学生をみつけて「ちょっとあそんでくるわ！」と乱入した。

30分後、小学生たちに盛大にみおくられて出発した。

「おっちゃん、またきてねぇ！」

「おーっ、またなぁ！」

ヤマネはえらそうに片手をあげる。

「約束だよー！」

「待ってるからねー」

女にはからっきしなのに、なぜか子どもにはもてる。そんな特技を生かして彼はのちに教師になった。

その日の宿泊は新得駅だが、シノミー（3期生）は夜になってもあらわれなかった。あとできくと、女の子の車にのせてもらい、旭川にあるその人の家にいってしまったらしい。

糸のように細い目をしたシノミーは、イケメンなわけでも性格がよいわけでもなく、酒癖も女癖もわるいのになぜかよくもてた。節操がないスケべだから「スケさん」とよばれていた。

翌日、十勝平野の大平原をつっきって然別湖畔に集合して白雲岳にのぼり、北海道三大秘湖のひとつ東雲湖で昼寝した。昼すぎには層雲峡にむけて出発したが、車がまったくとおらない。糠平で国道273号にでるころには日がかたむき、層雲峡到着は午後8時をまわった。シオモトら4人はその日のうちに層雲峡にたどりつけなかった。

翌日、ロープウェイとリフトをのりつぎ、7合目から黒岳山頂をめざして歩きはじめる。黒岳山頂は高山植物の群落がひろがり、エゾシマリスがはねまわる。雪渓にかこまれ、ナキウサギの声がひびく黒岳石室をへて、霧の稜線をたどる。冷夏のせいで前年の数倍も雪がのこっている。

当時のボヘミアンでは、ぼくが高校時代に多少山歩きをした程度で、登山の専門家はいなかった。サンダルばきの隊員もいて、「なんで真夏に雪山のぼるんや」とぼやいていた。

谷川に湯がわく中岳温泉は、雪どけ水が多すぎてぬるくて入浴できない。ウイスキーを雪渓の雪でわって乾杯した。

酔っぱらってころびまくるアシカワ（3期生）の尻をたたきながら山をくだり、最終の旭岳ロープウェイで麓におりた。

ここで、サバイバルに参加しなかった者もふくめて21人が集合し、旭岳温泉であたたまり、大雪山国立公園旭岳ビジターセンター前の東屋で野宿した。

命の値段が安すぎる最後の炭鉱

翌朝、メンバーのうちぼくをふくめた10人は夕張にむかった。

パンツのコージらボヘミアン1期生の有志数人は、前年の1985年夏、夕張をおとずれていた。その年の5月17日におきたガス爆発事故について勉強するためだった。

ほかのメンバーがかえったあと、コージはひとり夕張にのこり、炭住（炭鉱で働く人々のために会社が建てた住宅）に2週間以上、秋風がふきはじめるまで居候した。毎晩、下請け労働者の組合のおっちゃんたちに食事とじゃがいも焼酎をふるまわれたという。コージのお地蔵さんのような素朴さが気にいられたらしい。

「むっちゃおもろくて、かっこいいおっちゃんたちやで」

コージがしきりにすすめるから、ぼくらもたずねてみることにしたのだ。

昼すぎに夕張の労働組合の事務所に到着し、ナガオさんというおじさんに資料館などを案内してもらった。

日本の石炭生産は太平洋戦争に突入した1941年に最高の5647万トン。終戦時は2230万トンまでおちたが、1951年には4650万トンまで回復した。

だがエネルギー革命で、主要燃料は石油にかわり、1962年には石油と逆転した。鉄鋼業界では

ナキウサギの声がひびく
黒岳石室で昼食休憩

安価な海外炭をもちいるようになった。1970年ごろからは各地の炭鉱がバタバタとつぶれる。夕張には最盛期には大小20余の炭鉱があったが、1981年には、北炭夕張新炭鉱と北炭真谷地炭鉱、三菱南大夕張炭鉱の3つに減っていた。

そんななか1981年10月16日に北炭夕張新鉱の事故がおきた。

地下約800メートルで大規模なガス突出が発生。作業中の鉱員と救援にかけつけた救護隊員が坑内にとりのこされた。

事故直後、火災による事業の損失をおそれた会社は「水を注入して火災を鎮火させる」と提案した。救出をねがう家族は猛反発したが、会社側は、坑道密封か水没かの二者択一をせまった。坑道密封では鎮火までに半年以上かかる。家族は水没をみとめるしかなかった。

1週間後の10月23日、59人を坑内にとじこめたまま、夕張川の水が注入された。坑内の水を排出し、遺体を収容できたのは翌82年3月のことだった。死者は計93人にのぼった。59人もの人々をとじこめたままの「水没」は、炭鉱史上でも例のない悲劇だった。

北炭夕張新鉱は1982年10月に閉山した。この事故が日本の石炭産業が崩壊するきっかけになったとされている。

夕張新鉱にはたらいていた人々の多くは、おなじ夕張市内の北炭真谷地炭鉱や三菱南大夕張炭鉱にうつった。

ところがその南大夕張炭鉱も1985年5月17日に62人の死者をだす事故をおこしたのである。

ぼくらをむかえてくれた4人のおじさんたちは事故をまのあたりにしてなお、南大夕張炭鉱の地下1000メートルの切り羽で石炭をほりつづけていた。彼らは、もっとも立場のよわい下請け労働者を労働組合に組織していた。

おっちゃんとじゃがいも焼酎の魅力に酔った酒乱男

夜は、炭住の大広間で組合のおっちゃん4人とジンギスカンをかこむ宴会になった。

「本当はごちそうしたいけど、1人500円だけちょうだい」と恐縮する。北海道は羊肉が安いとはいえ、大食らいの学生10人ぶんの肉は大変な出費だ。

おっちゃんたちのくるしい家計への想像力がぼくら学生には欠如していて、じゃがいも焼酎の一升瓶をかたっぱしからあけていった。

「この焼酎はどんなにのんでもぜったい二日酔いしないから安心してのんでくれ！」

おっちゃんたちも、ぼくらをあおった。

じゃがいも焼酎をのみながら、事故の様子や地下1000メートル、気温40度の作業についてかたってくれた。

「正社員の組合の炭労は、下請けのおれたちのことはまもってくれない。一番弱い立場だから、カネをちらつかされたらなびきたくなる。でも、差別されて、一番あぶない現場にいかされても、信頼しあっている仲間はうらぎれない。おれたちは仲間がなにより大切なんだ」

「組織でも仲間でも、一番弱い人に基準をおかなければならない。堤防でも、針穴ほどの穴があくと、水はそこに集中してくずれてしまう。一番くるしんでいる人をささえられない仲間はなんの意味もない」

「おれは共産党にはいったけど、本当は右翼でも公明党でもいいんだ。底辺のおれたちをたすけてくれたのが共産党だっただけだ。自民党がたすけてくれるならいつでも党員になるよ」

「おれも札幌のススキノとかであそびたいけどなあ。今度は女子学生もつれてきてよ」

人なつっこい雰囲気のナガオさんがポロリともらすのがかわいい。

宴会はしだいにもりあがり、大騒ぎになった。

大阪出身のシノミーがベタベタな関西弁でくだをまきはじめた。彼は、容姿も性格もよいわけではないのに、大阪人のしゃべりとあつかましさのせいか女性によくもてた。ただ、酒をのむと説教をはじめる悪癖があり、それがこの日も炸裂した。

「おれはな。自分がなさけない。おれなんてなにもできひん人間や。いや、おれだけちゃう。おれらはみんなダメな人間なんや……」

愚痴がえんえんとつづく。ばからしくなって適当にあしらっていると、

「フジャー、おまえはなんもわかってへん！　ちゃんとオレの目をみて話をきけ！」と大声でからん

つかわれなくなった古い炭住

炭住のまえでナガオさんと

でくる。

ボヘのなかで一番まじめで冷静なツルがシノミーの目の前にドスンとすわってあぐらをかき、ひややかな声でつきはなした。

「おまえはほんまにガキやな。悩んでいるのはおまえだけちゃう。みんな悩んでるから、おっちゃんたちの話をききたいんや。おまえのしょうもない愚痴なんかききにきたんちゃう！」

するとシノミーは大粒の涙をながしておいおいと泣きはじめた。

「ツーさん（酔っぱらって「ツルさん」と発音できない）、おれはたしかにガキや。ガキやけどなあ。本気で生きているつもりなんや。ガキやけど、オレも必死で生きてるんや。わかってほしい。いやわかってくれなくてもいい。いややっぱりわかってほしい……」

こわれたレコードのようにおなじことをくりかえし、泣きながらさけびつづけるシノミーに、さすがのおっちゃんたちも口をポカーッとあけている。

ナガオさんがシノミーにちかづいて背中をトントンたたいてなぐさめた。

「きみは将来大物になるよ。いっしょにがんばっていこう！」

何時までのんでいたかおぼえていないが、気がついたら窓の外があかるくなっており、畳の広間には10人がごろごろころがっていた。

「じゃがいも焼酎はぜったい二日酔いにならん」とおっちゃんたちに保証されたが、ひとりのこらず二日酔いになったのはいうまでもない。

シノミーに一喝をくらわせたツルは「あいつにはもうしわけないことをした。傷つけてしもうた」と、くやんでいた。そして朝、シノミーに頭をさげた。

「昨日はおこってしまって、すまんかった」

だが、ぼくらにはツルやシノミーがふかく反省しようが傷つこうが関係ない。

「ツーさん、おれはたしかにガキや。ガキやけどなぁ」は、今にいたるまで、ボヘミアンの飲み会の隠し芸のネタになっている。

　他人の傷口には塩をぬりたくる、ボへのよき伝統である。


　朝飯を食べたあと、4人のおっちゃんとともに「反省会」をひらき、ひとりひとりが感想をのべた。

　ぼくは「カネや出世よりも大事なものがある」と頭では思っていた。ひとりひとりは弱くて人間くさいのに、おっちゃんたちが暴力に屈せずカネになびかず、仲間の命をまもるためにたたかっていることに感動した。

　だれかににている……。

　そうだ、寅さんだ。

　カネや世間的成功よりも、義理と人情を大切にして不器用に生きる「幸せ」。おっちゃんたちは、それを炭鉱という苛酷な状況のなかで具体的にしめしてくれた。

　人間ってすばらしいなぁ。

　ぼくは胸をあつくして夕張をあとにした。

翌1987年、おなじ夕張市内の北炭真谷地炭鉱は閉山になった。最後にのこった三菱南大夕張炭鉱も1990年に閉山した。国内で営業採炭をつづけているのは「釧路コールマイン」だ

け。太平洋炭礦が２００２年に閉山した際、地元企業などが出資して規模を縮小してひきついだものだ。

夕張最後の三菱南大夕張炭鉱がとじる前年の１９８９年、シノミーはヒッチハイクで夕張を再訪し、ナガオさんにむかえられた。

だがぼくらにつきあってくれた４人のおっちゃんのうちの１人、組合幹部だった人は「裏切った」という。会社側の切り崩しにあったのだろう。その話をきいてぼくもがっかりしたけれど、のどから手がでるほどほしいカネにつられて仲間を裏切った側の痛みと慟哭も、今はわかるような気がする。

ひまーな夏休み、さびしい男は宇宙人にさらわれた

学生が消えた夏の京都で孤独を味わう

北海道サバイバル＋ヒッチ旅行がおわると、それぞれが旅したり帰省したりして、ボヘミアンの面々も京都を留守にする。学生のいない京大界隈は静かでおちついていて、鎮守の森のクマゼミの鳴き声だけがやけにめだつ。

そんななか、九州の山奥は平家落人伝説のあるムラ出身の3期生ヤマハラ（1回生）は、灼熱の下宿にひとりでとじこもっていた。

入学当初、大学生協の食堂にくる以外は下宿にひきこもっていた彼は、大学構内をうつむいて歩いているところを、人なつっこい田舎者のコージに声をかけられた。

「ボヘミアンってサークルで、大文字山でキャンプするんやけどけーへん？　ただで酒のめんでぇー」

「ぼく、九州の山奥からでてきて、京都の人の多さがこわくて、さびしくて、友だちや居場所がほしいんですよぉ」

コージの誘いに、ヤマハラはダボハゼのように食いついた。ボヘミアンの前に原理研（統一教会）にさそわれても、彼はついていったことだろう。

「ぼく、さびしくてしかたなかったんですー」

大文字山で痛飲して酔っぱらった彼は何度何度もそうくりかえした。それから、京都が自分にとっていかに驚きの空間かをかたりはじめた。

「新幹線の自動ドアは知ってたけど、鈍行まで自動ドアがあるなんてびっくりしました。うちの町では、扉は手であけるんです。乗客もいないのに勝手にドアがあくのはエネルギーの無駄ですよぉ」

「それから、なんで京都のビルは自動ドアばかりなんですか？　手をうごかすのがめんどうなんですか？　手をつかわなかったら退化して、ナマコになっちゃいますよぉ」

アウトドア活動が好きなわけでもないのに、さみしいからという理由でボヘミアンにいつくことになったヤマハラは、この夏休みは帰省していなかった。

メンバーのいなくなった京都で、ヤマハラは数カ月ぶりに孤独を味わっていた。毎日「餃子の王将北白川店」で天津飯を食べ、王将の店員としか言葉をかわさない日々をすごしていた。

ヤマハラが毎日天津飯を食べていた王将北白川店

さびしがりの2人で酒4升、自転車は山に消えた

お盆すぎ、愛知出身でヤマハラとおなじ3期生のトミーが京都にもどってきた。

彼もまたアウトドアが好きなわけではない。やさしくて優柔不断でおひとよしだから「トミー、ちょっと酒買ってきてー」と言われると「えー、なんでボクだけー」と文句を言いながら買ってくる。その後、某役所に就職したが、女子職員に合コンのセッティングをたのまれ、「これってボクの仕事なのかなぁ」とぐちりながら宴会場の予約までこなしている。

トミーもまた、さみしいからという理由でボへに定着したひとりで、ヤマハラの「恋人」のような存在だった。

トミーがヤマハラの下宿をたずねると、鍵がしまっている。ということは在室だ。ヤマハラの部屋は在宅だと施錠され、留守のときは鍵があいているのだ。

「いやあ、ひとりの夏はさびしかったぁ……」

ヤマハラとトミーは再会をよろこび、ふたりで北白川の居酒屋「ん」にでかけた。「ん」は、チェーンの居酒屋なみの値段でおいしい惣菜をだすからボヘミアンの飲み会でしばしばつかっていた。

「ん」の座敷に陣どったヤマハラとトミーはさっそくお銚子を注文した。

「どこまでのめるか、ためそう！」

お銚子が空になると横倒しにする。再会のうれしさで杯がすすむ。2時間後、2合の徳利20本が畳の上にころがっていた。2人で4升をのみほしたのだ。

「おつかれ〜！」

そう言って店をでるまではおぼえているが、2人ともその後の記憶がない。

ヤマハラは気がつくと下宿にいて、カエルのように全裸でころがっていた。

トミーは体中にひっつきむし（植物）を付着させて目をさました。

ところが、のっていた自転車が消えている。

記憶をさかのぼると、自転車をおして大文字山にのぼろうとして、山のなかでまよったことまではおぼえている。しかし自転車をどこにおいたのかは思いだせない。

「ぼくはあのとき宇宙人にさらわれたんだと思う」

トミーはぼくらにそう説明するのだった。

さびしさのりこえ、歓喜の黒パンツ踊り

9月になってみんなが京都にもどってくると、ひさびさの再会を祝して宴会となり、それぞれが芸をすることになった。

「ガーッといってバーッとやってダーッてやっつければいいんですよ」

長嶋茂雄ばりのオノマトペしかしゃべれない工学部のキウチ（3期生）は野人とよばれていた。「理系だから語彙がすくないんです」と言い訳していた。彼の思考能力では「芸」が思いつかず、窓をあけて外にむかって「ガオーッ」とほえた。

「次はぼくの番かな？」

人恋しくてたまらなかったヤマハラは、夏休みがおわって満面の笑みをうかべている。

彼はいきなり服をぬぎ、パンツ一丁になった。競泳パンツのような細いパンツ。

「きょうはね、ぼくはね、黒パンなんですよぉ！」

そうさけんで腰をクネクネさせておどりはじめた。当時はまだブリーフばかり。トランクスがわずかにひろまりはじめたころだ。競泳パンツのようなもっこり黒パンツは抜群の存在感をはなち、みんなの嘲笑と喝采をあびた。

ボヘミアンにはいきつけの居酒屋がふたつあった。

かつてここに焼き鳥屋「竜串」があった

ひとつは前記の北白川の「ん」。チェーンの居酒屋なみの値段で家庭的な惣菜をだしてくれた。北白川の店は閉店したが、木屋町通りには系列店がいまも営業しているらしい。

もうひとつは銀閣寺の交差点から南西の路地にはいった、小さな焼き鳥屋「竜串」。いいちこの一升瓶を「ボヘミアン」名義でキープし、なくなるとだれかがつぎたした。しいたけは50円、鶏肉も100円から。名物は牛の頬肉にぴりからの味をつけた「天肉の炒め」。大阪では頬肉は薄切りにして食べるが、竜串はぶつ切りで、かたいけど味がこくてうまかった。カネがあるときはカツオのたたきをたのんだ。

2015年におとずれると、大将は白髪頭になっていたが店の雰囲気は昔のままだった。だが数年後に閉店してしまった。

第3章　ボヘミアンの表現活動

幻の映画「イーガー皇帝の逆襲」

ふたつの対立軸

時間を1年前の1985年の夏休み明け、ボヘミアン2期生であるぼくらが1回生だったころにもどしたい。

秋の気配がただよいはじめると、大学祭である「十一月祭」にむけての準備がはじまる。ボヘミアン第1期の1984年は「加茂の流れに」という映画を制作した。タイトルは「かぐや姫」の歌からぱくった。まじめなサークル活動に真剣になれない主人公ヤマネが、仲間の支えで成長するというベタなヒューマンストーリーだ。

1985年も映画を制作することになった。タイトルは「つむじまがりぶる〜す」。当時人気の高級クーペのトヨタ「ソアラ」(1981年発売)をのりまわすいけすかない金持ちボンボン学生が、やさしくあたたかな仲間とふれあうことで成長していく。前作とほとんどかわらぬベタなストーリーだ。

この年にヒットしたハウンドドッグの「ff(フォルテッシモ)」がながれるメイキングスチールをつかったエンドロールが印象的だったが、映画をみた人たちからは「エンドロールだけはよくできている」と評された。撮影につかったソアラは金持ち学生から拝借した。

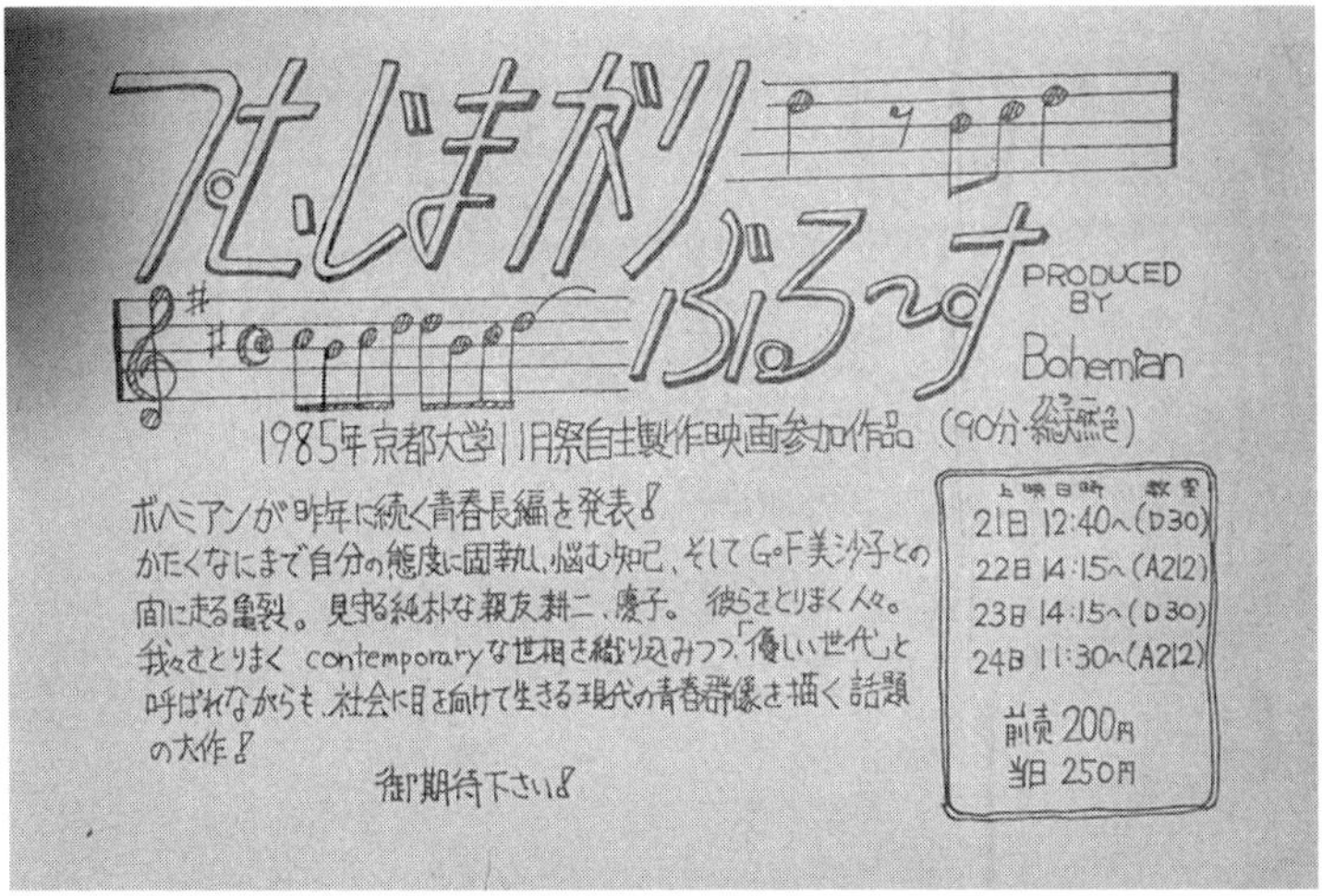

1985年の自主制作映画「つむじまがりぶる～す」のチラシ。
「200円」としるしているが、カネをうけとった記憶はない

映画制作を開始するにあたって、2班にわかれてシナリオを競うコンペがもよおされた。

このころのボヘミアンにはふたつの対立軸があった。ひとつはサバイバルで顕在化した、「ハードアウトドア派vs.お気楽キャンプ派」。

もうひとつが「ヒューマニズム派（人間関係を大切にする人々）vs.エンターテインメント派（たのしむことを至上とする人々）」の対立だ。

1期生の大半と2期生の一部が前者で、ぼくをふくめた2期生の多くが後者だった。この対立が映画のシナリオをめぐって浮き彫りになった。

「つむじまがりぶる～す」は、多数を占める「ヒューマニズム派」が推したが、脚本のできとしては、エンターテインメント派のほうがはるかにすぐれていた。質が高すぎて、素朴な1期生には理解できなかったのだろう。

鴨川はベルリンの壁

エンターテインメント派の脚本のタイトルは「イーガー皇帝の逆襲」。

1985年夏の隠岐サバイバルでおぼれて権威を失墜させた隊長セージが中心になり、渾身の力でねりあげた。ちなみにおなじ1985年に、コナミ工業（現コナミデジタルエンタテインメント）が同名の対戦型格闘ゲームを発売しているが、ぼくらはその存在は知らなかった。

京都の市街地では、同志社大のある鴨川の西側はおしゃれなカフェが多く、京大のある鴨川の東側は「餃子の王将」が幅をきかせている。実際、当時の同志社女子大では「鴨川より東はあぶない学生がいるので足をふみいれないように」と指導する先生もいたほどだ。

西側のおしゃれなカフェはぼくらには敷居が高かった。一方、百万遍交差点ちかくの餃子の王将では、皿洗いを30分すれば餃子やチャーハンをたらふ

賀茂川と高野川が合流して鴨川になる三角州「鴨川デルタ」。
「イーガー皇帝の逆襲」の舞台になるはずだった

く食べさせてもらえた。

「イーガー皇帝の逆襲」は鴨川の東西のそうした格差に着想をえて、鴨川を「ベルリンの壁」にみたてた。

経済発展する西側を破壊するため、東のイーガー皇帝が宣戦を布告。麾下のホイコーロー将軍やエンザーキー提督らに命じて攻撃を開始する。

この戦争によって東西にはなればなれになってしまった恋人たちの悲劇をえがき、最後は「クワイ川マーチ」のメロディーとともに、銃弾の恐怖をのりこえた人々が鴨川を両岸からわたってだきあい、感動のラストをむかえる……はずだった。

ちなみに「イーガーコーテー」とは「餃子1人前」、「エンザーキー」は「鶏の唐揚げ」を意味する「王将」スタッフの用語である。ホイコーローが「回鍋肉」であるのはいうまでもない。

このシナリオには、西の「大阪王将」と東の「京都王将」のたたかい、というパターンもあり、その結末は、焼餃子が鴨川に水没して水餃子になるというものだった。

いずれにせよ、隊長セージが失地回復をめざしてねりあげた脚本「イーガー皇帝の逆襲」は幻となってしまった。

警察にパクられた役者のかわりに舞台デビュー

隊長陣営にいたぼくは、相手陣営のシリアスでベタな脚本に興味をおぼえず、無気力なまま、演じるキャストたちにデスクライトをあてるという照明係をこなす日々をおくっていた。ちょうどそのとき吉田寮の「劇団R」から役者をやらないか、という誘いをうけた。

北村想の「十一人の少年」という脚本には一読して興味をもてた。ミヒャエル・エンデの「モモ」を下敷きにして、人々の想像力と未来をうばう勢力にたいして、「モモ」をもじった「すもも」という少女と青木という青年がたちむかうというストーリーだ。ぼくは上司に絶対服従のくそまじめで卑屈なサラリーマンが悪の怪物に変化していく、という役まわりだった。

なぜ急に劇団にさそわれたのか当時はわからなかったが、ぼくの演じた役をするはずの男が成田空港で機動隊とぶつかって逮捕されたのだと、あとできいた。文学部の同級生が「フジーは声がでかいし、親類に警察官はいないから」と推薦したらしい。

劇団Rではその後、別役実の「マッチ売りの少女」の舞台にもたたせてもらった。童話の「マッチ売りの少女」の主人公は貧しく純粋な少女だが、別役の「少女」は、戦後の焼跡でマッチを売り、炎がもえているあいだだけスカートのなかをみせるという淫靡な設定だ。ぼくはその「少女」に影のようによりそう不気味な「弟」を演じた。

3作目は「上海バンスキング」という斎藤憐の戯曲の予定だった。昭和初期の上海を舞台にした音楽劇は魅力的だったが、クラリネットを自分で入手しなければならなかった。中古でも数万円するからとても手がでず、あきらめて劇団から身をひいた。

卑屈なサラリーマン、傲慢な怪物、幽霊のような「弟」……それぞれの気持ちに自分を同調させて演じると、「もうひとりの自分」がみえてくる気がして、ちょっとこわくて刺激的だった。この2作の演劇の体験が、翌年の「劇団ボヘミアン」結成につながることになった。

「劇団ボヘミアン」旗揚げ　37年つづく体育会系イベント

マンネリ打破　映画をつぶす

ボヘミアン3期目となる1986年9月、夏休みがおわってみんなが京都にもどり、ヤマハラとトミーのさびしさがいえたころ、3年連続で映画を制作するか否かの議論がはじまった。

ぼくはすかさず発言をもとめた。

「前例踏襲のマンネリばかりではつまらん。新しいことをせーへんか。映画は観客がすくなくてもあがらん。おれは演劇を提案したい」

たかだか2年で「マンネリ」もないもんだけど。提案の理由はこうだ。

映画は撮影まではみんなが参加するが、8ミリフィルムを切り貼りするのは1人か2人の作業になり、ほかのメンバーは蚊帳の外だ。だいいち上映会をひらいても観客は4、5人しかあつまらない。

その点、演劇はより多くの人が参加できる。腎臓病を発病してサバイバルなどのアウトドアに参加できなくなったタケダも、高校時代に学芸会で演劇をしていたから活躍できる。練習をつうじて一体感ができて、最後は舞台で拍手をあびて感動できる……。

前年の、吉田寮の劇団Rでの経験があるから説得力があったようだ。

「3年目も映画かな」という雰囲気をくつがえし、この年の十一月祭は演劇にいどむことになった。

ギャグ・オリジナル脚本 vs.シリアス・既製脚本

次は脚本えらびだ。

候補はいくつかあがったが、前年敗れた「イーガー皇帝の逆襲」の衣鉢をつぐオリジナルのギャグ系脚本「迷の否定仮面」が最有力で、少年裁判の陪審員の議論をえがく「十二人の怒れる男」（アメリカ映画）が対抗馬ともくされた。

「十二人」を提案したのは、東京の山の手出身の2期生ヒョーメだった。

ぼくをふくめたその他の2期生の反応はひややかだった。

「優等生的でボへらしくない。おれらが『正義の物語』をやるって、はずかしないいんか？」

「偽善者のヒューマンドラマやん」

「既製の脚本じゃクリエイティブちゃうやん」

「陪審員なんて興味ないし」

ここでヒョーメが、鼻につく東京の山の手言葉で一席ぶった。

「おれたちみたいなド素人がオリジナル脚本でやったらどうなるか想像したことあるのか？　すべったら死ぬほど恥をかくぞ！　おまえたちには現実というものがみえていない！」

さらにつけたした。

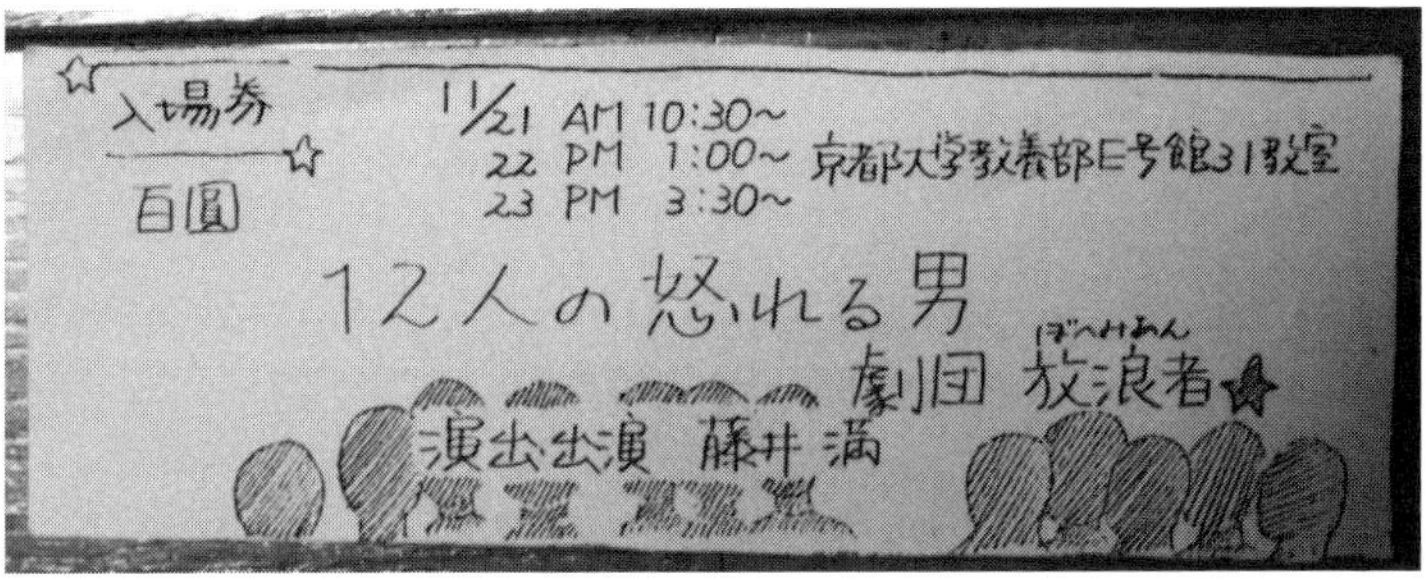

入場券。「百圓」と書いたが無料でくばりまくった

「文字どおりキャストが12人もいるから多くのメンバーが活躍できる。ボヘにぴったりだと思わないか？　もうすこしサークルの現状や課題も考えろ！」

ヒョーメの「正論攻め」で、おとなしい3期生は動揺し、「迷の否定仮面」が有力とされた当初の予想をくつがえし「十二人」が勝利した。

正論・空ぶかしの東京シティーボーイ

ヒョーメは、何度も強調するけど東京の山の手の出身で、1回生のときはテニスサークルに属していたが、当時ボヘミアンの例会場だったタケダ宅でわれわれとのつきあいができた。

タケダの下宿は大学のちかくで、8畳ほどもあってひろいから人があつまりやすい。本棚の8割を占める「少年ジャンプ」も魅力だった。ジャンプが発売される月曜は、「北斗の拳」めあてにボヘミアンの連中はもちろん、法学部のタケダの友人たちもむらがってくる。その1人だったヒョーメは、サバイバルやヒッチハイクなど、今まで自分では不可能だと思っていたことを次々に実行するボヘミアンにあこがれをいだいた。

「自分の殻をやぶって人間性を解放したい」

そう決意した彼は、2回生になった1986年春からボヘミアンに転籍した。

「ヒョーメちゃんって、東京シティーボーイの代表やん。華奢なやさ男がなんでボヘにはいってきたんやろ？」と大阪出身のシノミー（3期生）。

「『そういう考え方はちがうよぉ。どうみてもおかしいじゃん』なんて、女みたいなしゃべりかたで気色悪いわぁ」と愛媛出身のコヤマ（2期生）。

「そもそもマクドのことを東京人はマックってよぶやろ。サブイボがでるわぁ」と、あつくるしい熱血漢コツボ（1期生）。

東京の山の手の「シティーボーイ」は関西では鼻もちならない存在なのだ。

「やさ男」ヒョーメはボヘミアンにはいると思いきり肩に力をいれて所信を表明した。

「1回生のときは、ボヘはオレとはあわないと思っていたけど、おれも自分の殻をやぶりたい。むちゃくちゃやりたい。とことんやりたい……」

そして彼は、エンジン全開フルスロットルで爆走しはじめた。

あるとき3期生（1回生）のだれかがおずおずと提案した。

「オレ、できたらこんなイベントをしてみたいんやけど……」

ヒョーメはすかさず、あおる。

「おお、いいこと言うじゃん。そういう前向きな提案がいいんだ。みんな、こいつのやる気をみならえよ！」

逆に「そんなしんどいことやりたない」「どうでもええやん」といった後ろ向きの発言がつづくと、語気をつよめてたきつける。

「おまえらパワーねぇぞ！　それでもボヘかぁ！」

ヒョーメの過剰ながんばりはナチュラルではなくアジテーションにちかかった。「ボヘミアンとはこうあるべき」という「正論」をふりかざし、自分自身の性格をかえようと必死になっているようにもみえた。

「正論」といえばこんなこともあった。

夏休みがおわって9月にひらかれた北海道サバイバルの反省会でのことだ。

文学青年でインドア派だけど、自分にも他人にもきびしいカミサカ（3期生）は、サバイバルからの早期撤退組を、皮肉をまじえて批判した。

「サバイバルで最後までおらんやつは、きめたこともまもれん人間だ。そんなヤツらは人間としてみとめられない。まっ、ぼくにみとめられなくても、だれも気にしないと思いますけど」

この発言にヒョーメがつづいた。

「しんどくなった場合は3日目に撤退する選択肢もありうる、と事前に議論していたから、2泊したヤツは無罪だと思う。でも1泊で撤退したヤツらは有罪だ。猛烈な反省をもとめたい」

カミサカとヒョーメ以外はぼくもふくめて「おわったことはどうでもええ」というスタンスだから、ヒョーメの「正論」攻撃は「ハイハイ、いつものことね」と、うけながしていた。

ところが演劇では彼の「正論」路線がぴったりはまることになる。

老紳士の陪審員は北京原人に

「十二人の怒れる男」はこんなストーリーだ。

父親殺しの罪にとわれた少年の裁判で、提出された証拠は少年に圧倒的に不利なものだった。有罪か無罪かの評決は陪審員の全員一致が原則だ。11人は有罪に手をあげたが、陪審員8号だけは無罪を主張する。証拠のうたがわしい点をひとつひとつ8号が指摘していくことで、ひとりふたりと「無罪」に転じる。最後まで強硬に「有罪」に固執したのが陪審員3号だった……。

正義の味方の8号はシモザキ（2期生）、3号は、風貌からして悪役にぴったりのセージにきまった。ぼくは8号の説得で最初に「無罪」に転じる良心派のおじいさん（9号）になった。監督は「ガーッ」「バーッ」「ダーッ」というオノマトペしかしゃべれない野人キウチ（3期生）だ。

総じて、元気な2期生がおいしい役を独占し、3期生（1回生）は端役か裏方にまわった。

脚本の読みあわせがおわると、毎晩大学の空き教室で練習する。まずは発声練習からだ。

「あえいうえおあお　かけきくけこかこ……」

五十音を発声することで表情筋がほぐれ、正しい発音ができるようになる。

「あめんぼ　あかいな　アイウエオ　うきもに　こえびも　およいでる……」

演劇だけでなく、声優やアナウンサーの滑舌トレーニングにもつかわれているが、これが北原白秋の「五十音」という詩だとは最近になるまで知らなかった。

発声練習は、吉田寮の劇団での経験をいかしてぼくが指導した。

ところが、舞台用のドーラン（油性のおしろい）をつかった化粧は物議をかもした。

「ふつうのおとなしい化粧じゃあかん。思いっきり、しわや鼻筋を強調するんや。そうや、そのくらいのほうが照明にてらされると自然にみえるもんや」

「ほんまかいな。フジー、おれらをかついでるんちゃうか？」

みんな半信半疑だが、経験がないからぼくのいうとおりに化粧した。本番の舞台上の写真をみるとひどいものだった。とくにぼくの演じた9号は、ふといしわが異様にめだち、良心派のおじいさんの役柄なのに北京原人にしかみえなかった。

「正論」路線で上意下達の体育会に

毎晩のように練習をかさねていると、やる気のないやつは遅刻や欠席がめだちはじめる。するとヒョーメの説教が炸裂する。

「おまえらほんとにやる気あるのか！　今一番しんどい立場にあるのは、キャストからもれて裏方にまわったトミーやシノミーだぞ。役者をやりたくてもやれなかった2人を思いやる気持ちがあるなら、やつらのぶんまでがんばらないとだめだろ！　最後に成功したいと思えないのか！」

「ヒッチハイク」も「サバイバル」も「その場がたのしけりゃいい」という一過性の自己満足イベントだ。

でも演劇はちがう。地道な練習と「全体」への奉仕がもとめられる。

ヒョーメの正論・空ぶかし路線は、そんな体育会的イベントにはぴったりだった。

一方で、体育会のような重苦しさにたえられない1回生もでてくる。

裏方の音響担当にまわったトミーとシノミーは「演劇は苦痛やぁ」「毎日がつまらん」とぐちっていた。トミーはボヘミアンの機関紙「放浪者」にこんな文章をのせた。

　10月末頃からボヘミアン1回生の一部で流行性スリル欠損症なる病気が流行っている。症状は何をやっても楽しさを感じることができず「つまらーん　何もおもろいことない」と叫びつづけるというものである。楽しさにはおそろしいほど貪欲になる。現在1回生のうち6人に伝染し、とどまるところを知らぬ勢いである。

対策：病原菌をもった人間といっしょに長時間密室にこもらないこと。とくに酒をいれると抵抗力は弱まるものと思われる。

十一月祭の公演本番がちかづくにつれ、ヒョーメの説教に小器用にしたがう上意下達的な緊張感がうまれてきた。

だが本番前日のリハーサルで、そんなはりつめた雰囲気をぶちこわす「事件」がおきた。

息子さんはラクダさん

「12人の怒れる男」は物語の終盤、11人が「無罪」を支持し、3号だけが「有罪」をうったえつづける。彼が有罪に固執する背景には、自分をのこして家をでていった息子にたいする憤りがあり、それを被告の親子関係に投影していた。

有罪の証拠の信憑性が次々否定され、おいつめられた3号の懐から1枚の写真がハラリと床におちる。それを9号（ぼく）がひろうと、少年がうつっている。

「息子さんの写真ですね？」

9号がやさしくかたりかけ、息子への愛を思いだした3号（セージ）は泣きくずれ、ついに負けをみとめ「無罪」に転じる……。

最終のリハーサルのその場面で、ハラリとおちた写真をぼくはひろった。

その写真をみながら、なんとかセリフをひねりだした。

「ラクダさんの……写真ですね？」

みんながポカンとしている。

リハーサル終了後、ぼくに非難が集中した。

「フジャー！　最後のまじめな練習でなにわけのわからんこと言うてるんや。おかしくなったんか！」

「緊張感がなさすぎだぞ。おまえはほんとにやる気があるのか！」

激怒する監督のキウチとヒョーメに向かって、ぼくはひろった写真をたたきつけた。

「これ、みてみいや！」

それをみたみんなは一瞬しずまりかえり、爆笑がわきおこった。

3号が落としたのは、鼻の穴をふくらませて口を半開きにしたラクダのまぬけな写真。ヒッチハイクでおとずれた鳥取砂丘で撮影したものだった。

ぼくが笑いくずれたら最終リハーサルをぶちこわしてしまう。かといって「息子さんの……」とふつうにセリフをのべるのは芸がない。そう考えてとっさに「ラクダさんの……」と口にしたのだった。

左端がぼくが演じた良心派のおじいさん

「この写真をみせられて、臨機応変にちゃんと反応して劇をとぎらせないなんて、おまえ、たいしたもんや」

一転して、ぼくは賞賛をあびたのだった。

ラクダ写真をしくんだのは主役の8号（シモザキ）と3号（セージ）だ。セージはふりかえる。

「たのしけりゃええやんってつもりで演劇をはじめたのに、だんだんボヘらしい遊び感覚が消えていった。うまくやろう、成功しよう！　と、型にはまって、みんながヒョーメ路線にそまっていた。それで、フジーをはめることにしたんや。みんなくそまじめになってるから、ぜったいうけるで！と考えたんや」

悪役がはまるのは性格が悪いから

とにもかくにもせっかくの舞台、観客をあつめなければ意味がない。ぼくらはまず入場券をつくった。

「12人の怒れる男　劇団放浪者　入場券百圓　京都大学教養部E号館31教室　11月21日10：30〜　演出出演　フジー」

これを合コンやハイキングででであった女の子や文学部の友人たちにくばった。「百圓」で販売すれば自分の収入になるけれど、カネをうけとった記憶はない。上演直前には「劇団放浪者」ののぼりをもって大学構内をねり歩き、チラシを配布した。

十一月祭では3回公演した。最終日は100人の観客で満席になった。京都女子大や関西外大、仏教大などの女の子もきてくれた。最終公演のキャスト紹介では万雷の拍手をあびた。

挨拶がおわると女の子が4、5人、花束を手に舞台にあがってきた。ぼくは女の子から花をもらうなんてはじめてだ。うきうきして待ちかまえていると、花束は「正義の味方」8号を演じたシモザキひとりに集中した。

打ち上げの飲み会には、女の子たちも参加した。彼女たちが主役であるシモザキとはなしたがるのはわかるが、なぜか、もうひとりの主役であるセージにはだれもよりつかない。

「セージさんってあんな悪い人だったんですね」

「いい人だと思っていたのに……」

女の子たちがそう言うのをきいてセージはショックをうけた。

「それだけ演技がうまかったってことや」

最初はなぐさめるヤツもいたが、それではつまらない。

「いやぁ、演劇ってその人のほんまの性格がでるからなぁ。セージの腹黒さがわかったやろ?」とシオモト。

女の子たちはウンウンとうなずく。

「3号が最後に泣きくずれるところ、腹黒いくせになさけないセージの性格がよくあらわれていたなあ」

ヤマネが容赦なく追い打ちをかけた。

それまでのセージは京女や関西外大の子たちにそれなりに人気があったが、演劇後はまったくもてなくなってしまったそうだ。

翌１９８７年はアメリカ映画の「カッコーの巣の上で」を上演し、春の合同ハイキングで知りあった京都女子大の２人が女優として参加した。ぼくは裏方の演出をつとめた。

以来、毎年秋になると演劇好きの女の子をまじえて「劇団放浪者」が結成され、２０２３年までに37本の作品を上演してきた。

ぼくは２０１８年、約10年ぶりに「十一月祭」にでかけたが、「劇団放浪者」の会場前には女子学生の長蛇の列ができていて、入場をあきらめた。

師走の駅伝にミイラ男

十一月祭がおわると京大北部構内の銀杏並木は真っ黄色にそまる。はらりはらりと落ちる葉に憂いをふかめ、春からのばかばかしくも騒々しい日々から身をひいて、ひとり静かに図書館で本のページをめくる……。

なんて殊勝なことになるわけがないのである。

雪の比叡山を越え、琵琶湖でたき火

冬は寒いから野宿はつらい。麻雀や飲み会のかたわら、日帰りで京都周辺の山を歩きまわることになる。

比叡山のふもと、修学院離宮のすぐ下にあるぼくの下宿で5人で焼酎をかこんでいた深夜、外が急に静まりかえり、午前4時をすぎるとほのかにあかるくなってきた。

なにがおきたんや？

凍てついたサッシをこじあけると、12月というのに木々は綿菓子になっている。雪明かりか。もうすぐ夜明けだ。

「いくか？」

「おうっ！」

デイパックに焼酎と防寒具とヘッドランプとコンロをつめこんで、音羽川をさかのぼり、雲母《きらら》坂をのぼる。

浄土真宗の開祖親鸞をはじめ、無数の僧侶が歩き、約4万キロの山道を千日かけて踏破する「千日回峰行」の僧がたどる行者道でもある。

途中の川でポリタンクに水をくむ。

比叡山は尾根までのぼると車道がある。ぼくらはその手前の展望のよい場所で酒をのむのを常としていた。とりあえず

琵琶湖畔でクールファイブ

湯をわかして「いいちこ」湯わりを1杯、2杯とあける。

寒くなってきたらペースをあげて、延暦寺の根本中堂などを通過して琵琶湖にくだって湖畔でたき火をたいて、しあげにまたのんだ。

最近は琵琶湖岸のほんとどは直火のたき火は禁止のようだが、当時はアウトドアブーム以前で、たき火を注意されたことはなかった。

高校駅伝の大観衆のなか、ピピピーと警笛がひびいた

晩秋、北白川の疎水沿いにある「銀月アパートメント」のコージの下宿に10人ほどがあつまった。銀月アパートメントは、四畳半が20ほどある2階建てのおんぼろ長屋だ。入口の緑の瓦のとんがり屋根が洋風でおしゃれだが、廊下や階段はあるくとギシギシときしんだ。

「山歩き以外で、冬にやれるイベントないか?」

満員電車のようにギューギューの四畳半で焼酎をのみながらウダラウダラとはなしていたら、12月末に高校駅伝がある、というニュースをテレビが報じた。京大のある百万遍もコースになっている。

「駅伝でなにかできるんちゃう?」

だれかがつぶやいた。

部屋には、コージが買ったばかりのトイレットペーパーがつみあげられていた。

「これや! ちょっとフジー、これ巻いてみ!」

悪だくみを思いついた4歳児さながらにタケダがロール紙を手にとった。

あっというまにぐるぐる巻きにされ「ミイラ男」が完成した。

駅伝当日、10人ほどのミイラ男が、小旗をふる観衆の失笑をかいながら沿道から選手たちを応援した。応援だけじゃつまらない。選手の一群が走りさった直後、歩道から東大路の車道におどりでた。

ピピピーッという警笛と群衆のどよめきのなか、ミイラ男たちは200メートルほどをかけぬけ、大学構内に消えた。

恥かくために都大路を駆ける「ボヘマラソン」

「街ブラ」番組をまねたマラソン企画

木枯らし吹く季節になると、野宿ができないボヘミアンはひまになる。ひまになると妄想がふくらむのか、わけのわからないイベントがうまれがちだ。

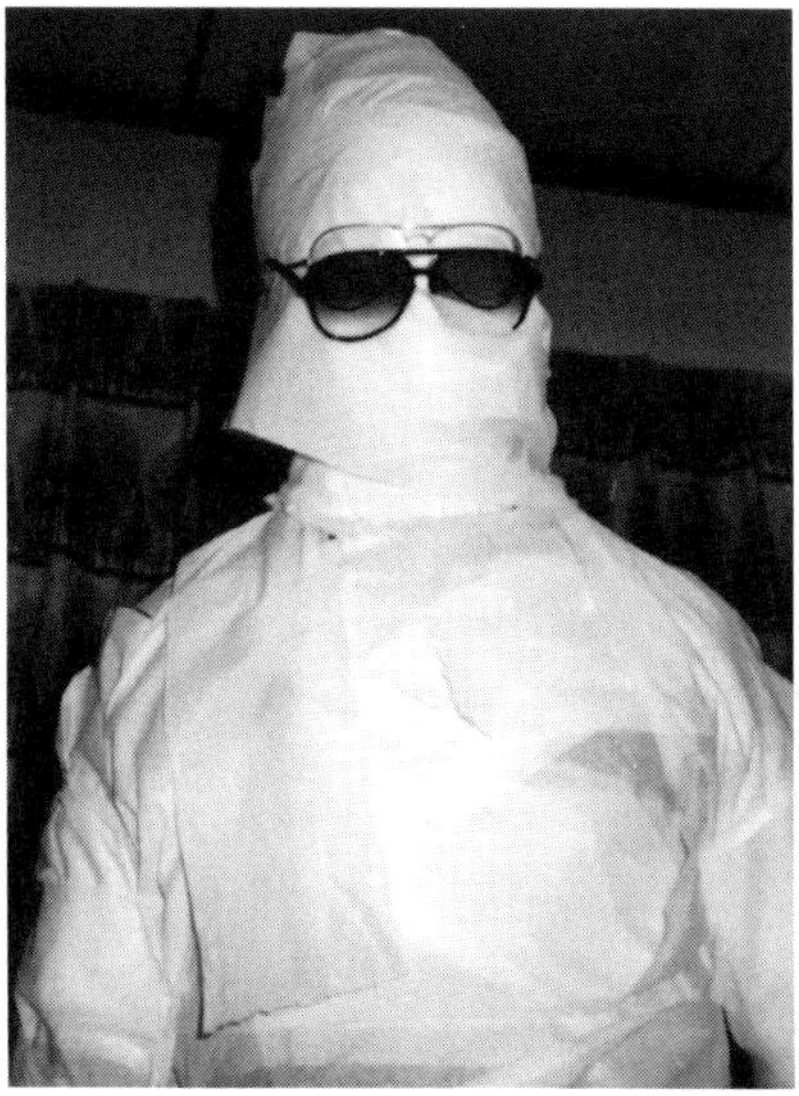

東大路をかけぬけたミイラ男。巻いているのはコージが買ったばかりのトイレットペーパー

そんなイベントの代表が、12月の「ボヘマラソン」だ。1984年の第1期から86年の第3期まで3年連続で開催した。

毎日放送（MBSテレビ）で1983年から86年まで放映された「夜はクネクネ」（略称「夜クネ」）というバラエティ番組が企画のヒントになっている。「猫ニャンニャンニャン、犬ワンワンワン、カエルもアヒルもガーガーガー」というギャグや「赤とんぼの唄」で知られる「あのねのね」の原田伸郎と、アナウンサーの角淳一が、関西各地の夜の街をひたすら歩いてであった人に「こんばんは〜！」と突然声をかけて雑談をかわしてもりあげる、という内容だった。「街ブラ番組」「散歩番組」のはしりだった。

ボヘミアンはこれに着想をえて、「いろいろな人とであい、はなし、人なつっこさをやしない、恥をすてる」という目標をかかげ、市内数カ所にもうけたチェックポイントの課題をクリアして、京都の町をぐるり20キロ走るというイベントにしたてた。

スタートは京大だ。出発してまずは高野中学の生徒に校長先生の名を顔面に書いてもらう。次に京都女子大にいき、女子学生にキスマークをもらう……ことになっているけど、本物のキスマークはハードルが高い。マジックで書いてもらうのもよしとした。京都駅では外国人のサインをゲットし、四条河原町の阪急百貨店前の歩道で正座して弁当を食べ、新京極でパンティーをかって領収書をうけとり、北野天満宮でおみくじをひいて巫女さんに結果を顔に書いてもらう……といったものだ。ただし、記憶があいまいなので3年分の関門が混在してるかもしれない。

数々の関門を突破して20キロを走破し、最後は女性に声をかけて賀茂川と高野川が合流して鴨川になる出町柳のデルタでふたりで記念撮影をしてゴールとなる。そのタイムを競うわけだが、各関門で女子の電話番号をききだせたら「マイナス55分」のボーナス、関門をクリアできなければ「ひとつ前の関門までもどる」というペナルティがあった。

元高校球児で、大文字キャンプの自己紹介でヘッドスライディングのことしかかたらなかった「筋肉男」のシオモトがタイムでは圧倒したが、関門をひとつとばしたため「伝説の海人」ヤマネと同着の1位となった。

司法試験の勉強をあきらめて参加した教祖りょうさんがビリになり、鴨川の橋から「夕陽のバカヤロー！」とさけんだ。

ぼくにとっては、道端で見も知らぬ女性に声をかけるなんてはじめての経験だったから緊張した。出町柳駅の改札口をでてくる女性にかたっぱしから声をかけ、5人目か6人目の20代後半とおぼしきOL風の女性が記念撮影におうじてくれた。たぶんこれが人生初のナンパ？だった。

「自分の殻をやぶる」「人間性を解放する」という意味では、ちょっとは意味があったような気がする。

白菜シーチキン鍋よりうまい「ドッグフード鍋」

この手の「恥かきイベント」は、マンネリ化をふせごうと

墨汁を全身にぬり、さらにペイントをほどこしたボヘミアンの面々

年々エスカレートしがちだ。

ボヘマラソンを3回やったあと、第4期の1987年のイベントは「ボヘミアンフェスティバル」（ボヘフェス）と名づけて6月にひらいた。

それはまず「闇鍋」からはじまった。

出町柳のデルタで、2班にわかれて巨大な鍋をつくる。ルールは、「人間が食べられる材料」をつかい、「食べられる程度の味」にすること。そして、「完成した鍋はお互いにのこさず食べる」こと。

ぼくらの班は正統派だった。あんこやバナナ、納豆、みかんの缶詰、トウガラシを餃子の皮につつんだものを煮こむワンタン風の鍋である。だが実際は、餃子の皮がやぶれて色がゴチャゴチャにまざり「ゲロ鍋」になってしまった。

敵は見ためがトマトスープ風のカレー味でみるからにおいしそう。中をみるとみたらし団子や麦茶パック、マシュマロ……。肉がはいっているのは豪華だが、よくみるとドッグフードだった。

「ルール違反や！　人間が食べられる素材とちがう」

ぼくが抗議すると。

「フジャーの家の白菜鍋よりうまいし、栄養満点や。どっちがうまいか食ってみ！」とヤマハラ。

そういわれて味見をすると、ドッグフードは塩分ひかえめのコンビーフのようでたしかにおいしい。

それからしばらく、ぼくはドッグフードを肉がわりにして下宿でも食べたが、そのうち、100グラムあたりの単価が人間さまの食料である鶏手羽先肉より高いことに気づいて、ばからしくなってドッグフード食はやめた。

黒人差別を知る前年の「土人踊り」

闇鍋をたいらげたあとは「マッドスライディング」だ。とはいっても鴨川には泥がない。ブルーシートに大量の古新聞をちぎって墨汁と水をかけ、真っ黒な「泥」をつくる。水泳の飛びこみの要領でシートの上をすべり、その距離をきそうのだ。

マッドスライディング後は、のこった墨汁を全身にぬり、人食い人種の「土人」にふんして週末の夜の繁華街をねり歩く。

今ならこの企画は「黒人差別」「先住民差別」のそしりをまぬがれないだろう。

このころ、さまざまな社会問題の本もよんでいたはずなのに、ぼくらは「差別」とかんじていなかったようだ。

小学生のとき夢中になってよんだ「ちびくろ・さんぼ」は、日本では１９５３年に岩波書店が出版し、国語の教科書にも掲載されていた。公民権運動をへたアメリカでは１９７０年代から人種差別の側面が指摘されはじめ、日本でも１９８８年にデパートに展示された黒人のマネキンを「ワシントンポスト」が批判した。渡辺美智雄政調会長（当時）が「黒人は破産してもケロケロケロ、アッケラカンのカーだ」と発言して大問題になったのもこの年だ。大阪府堺市の市民団体「黒人差別をなくす会」が岩波書店などに「ちびくろ」の差別性について抗議し、岩波書店は１９８８年に「ちびくろ・さんぼ」を絶版とした。

１９６０年に発売されて大ブームをひきおこした「だっこちゃん」人形も、黒人の子を模したことが問題になり、同じ１９８８年に製造を停止した。

ぼくらが「土人踊り」をしたのはその前年だった。

ちなみに「ちびくろ・さんぼ」は２００５年に復刊。だっこちゃんは、厚い唇や縮れ毛といったデザインをあらためたうえで２００１年、「だっこちゃん21」として復活している。

マクドの女店員は恐怖した

マッドスライディングに話をもどす。「人食い人種」にふんしたわれわれボヘミアンは、四条河原町界隈の繁華街に突入する前、鴨川のほとりで輪になってすわり「部族会議」をひらき、２つのルールを確認した。

- 繁華街では「ウッホ」というコトバしか発してはいけない。
- かならずファストフード店で買い物をする。

それからひとりひとり、マクドナルドなどに入店する。

泥は古新聞と墨汁でつくった

先陣を切ったのは、「女ほしい」と体に大きくペイントしたシオモトだ。

彼が店に足をふみいれると、店員の女の子はギョッと目をむいた。新人らしい女の子は裏に逃げた。

シオモトは、手元のメニューを無言で指さす。

「ハ、ハンバーガーでよろしいですか？」と店員さん。

シオモトは大きくうなずいて、

「ウッホ↘」（アクセントは「ウ」）

「ごいっしょにポテトはいかがですか？」

首をふって、アクセントを「ホ」において
「ウッホ↗」

シオモトはおおいに気味悪がられたが、おなじのが3人、4人とつづくと店の女の子も笑いはじめ、マクドの前には人だかりができ、失笑がひろがっていく。多少不気味な存在でも、なれれば笑いに転じるのだ。

マクドをでると、四条河原町の交差点のむこうから、10人ほどの男女の仮装集団がわたってくるのがみえた。これは親交をふかめなければならない。


ウッホ！　ウッホ！　ウッホ！

ぼくらが腕をふりあげて、彼女らにむかっていっせいにさけぶと、モーゼが海をわった「出エジプト記」さながらに、まわりの群衆はふたつに裂けた。

マクドを急襲するボヘミアン

仮装集団は同志社大の「アドベンチャー」という名のサークルだった。ホノルルマラソンや鳥人間コンテストにも出場しているらしい。素っ裸に墨塗りという芸のないボヘミアンとはちがい、それぞれが美しくハロウィンの仮装のように着飾っていた。おなじアウトドア系でも金のかけかたがずいぶんちがう。いっしょに記念撮影をしてわかれた。というよりも、彼女らはひきつった顔であわててはなれていった。

出町柳のデルタにもどって、鴨川の水で全身の墨汁をおとし、百万遍の銭湯「東山湯」にかけこんだ。川であらったとはいえ、洗い場にはけっこうな量の黒い水がながれたことだろう。でも、さすがは学生街の風呂屋。文句のひとつもいわれなかった。

コラム　京大生奇行伝

石垣上の「カフェ」はコーヒー50円

今出川通りと東大路の交差点である百万遍は、数々の奇天烈なイベントがもよおされてきた。なかでも抜群のセンスだったのが「石垣カフェ」だ。

百万遍交差点に面した石垣は長年「立て看」の設置場所だった。京大当局は2004年秋、歩道整備のためこの石垣を撤去すると発表。反対する学生が石垣を占拠してやぐらをたて「石垣カフェ」を開店。コーヒーや紅茶を50円で提供した。4月には石垣カフェの裏に「いしがき寮」をたてて、一部の学生がすみはじめた。2005年1月、

2005年8月、石垣や樹木を保存しつつ歩道をつくるという学生側の妥協案を大学側がうけいれた。8月16日の大文字の送り火が消えると同時にカフェは「閉店」した。

このニュースを、当時30代後半だったぼくら元ボヘミアンは重くうけとめた。

「やったのは吉田寮か熊野寮の連中やろ。ボへは完璧に負けたな」

敗北感をかみしめながら叡電元田中駅にちかいお好み焼き店「くれしま」でビールと日本酒をあおり、終電後は路地裏のうらぶれたスナック「ヒスイ」に場所をうつして未明までのんだ。

ちなみに吉田寮や熊野寮の企画力には、ぼくらの時代も勝ったためしがない。

変身する「折田先生」

かつて教養部（吉田南）構内に「折田彦市先生」の銅像がたっていた。この銅像にはしばしば落書きがほどこされ、モアイ像やウルトラマンなどさまざまな姿に変身してきた。これに音をあげた大学当局が1997年に銅像を撤去すると、おなじ場所に「折田先生像」のオブジェがたてられた。毎年入学試験の日に登場している。

「折田彦市先生は、第三高等学校の校長として京大の創設に尽力し、京大に自由の学風を築くために多大な功績を残した人です。どうかこの像を汚さないで下さい」

大学側は落書きの自粛をもとめる看板をかかげたが、今はこの看板のパロディーが毎年キャラクターのわきにそえられている。

2022年の「崖の上のポニョ」の折田先生像の説明は「折田彦市先生はさかなの子として人間になることに尽力し、京大にパークパクチュッギュッ！　の学風を残すために多大な功績を残した人です。どうかハムをたくさんあげて下さい」

ずいぶん昔、「ゴルゴ13」の説明も秀逸だった。

「折田彦市先生は、超A級狙撃者（スナイパー）として学内の清掃に尽力し、自由の学風を築くために、多大な功績のあった人です。どうかこの像の背後に立たないでください」

折田先生像の落書きがはじまったのは1986年ごろ。まさにぼくらがボヘミアン現役のころだ。「犯人はボヘミアンでは」という噂が一部にながれたが、ボヘにはそこまでゆたかな発想力はなかった。あきらかに吉田寮界隈のしわざだった。

最近では、京都市の指導で大学当局が「立て看」を撤去した際のレジスタンスがふるっていた。

立て看がだめならと、ゴロリと横になった人をえがいた横長の「寝看板」や、カセットコンロの缶をたてた「立て缶」が登場した。これもたぶん吉田寮か熊野寮界隈のしわざだろう。2018年ごろのことだ。

交差点「こたつ」事件で堕落を自覚

2018年2月には、百万遍交差点のどまんなかで、若い男女数人がこたつをかこむ「事件」がおきた。ヘルメットをかぶり、拡声機で演説する者もいたらしい。警察官がかけつけると、こたつをリヤカーにつんで大学構内にむかってたちさった。3カ月後、32歳の大学院生ら3人が逮捕され、道路交通法違反で罰金4万5000円を科せられた。

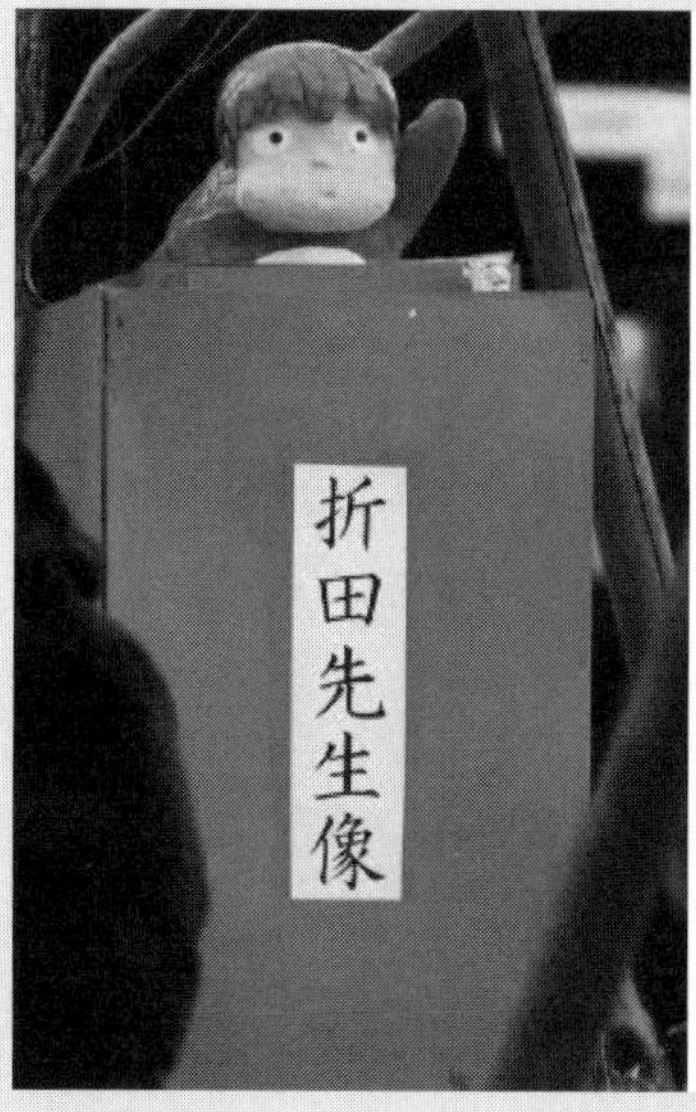

「こたつをリヤカーにのせてスタコラサッサとたちさるのは絵になるけど、交差点のどまんなかにいすわるのはちょっとやりすぎやなぁ」

50歳前後のボヘミアンOBの飲み会でぼくが言うと、

「リヤカー2台を連結して畳とこたつをのせて、青信号のあいだだけ、交差点に進出して、赤信号のあいだは歩道でのんだらええんや。3分間に一度往復するほうがわらえるやろ?」

そんな発言をしたのはだれだっけ? よくおぼえていないけど、おそらくセージだ。

「常識ある社会人」の発想をしてしまったぼくは「負けた」と思った。

第４章　ボヘミアンの日常生活

主食はパンの耳、ふるまい料理は白菜シーチキン鍋

服やタオルは冷蔵庫で冷やす

時はバブル。空前の好景気で京都の町にもワンルームマンションが雨後の竹の子のように増えていたが、ボヘミアンのメンバーはほとんどが昔ながらの下宿だった。

ぼくの毎月の収入は親からの仕送り2万円と奨学金2万7000円の計4万7000円。

旅が好きだから、定期的に時間がとられる家庭教師や塾講師といった効率のよいアルバイトはできない。週に1度程度、引越や左官、トンネル工事、ホテルの皿洗い、デパートの惣菜売り場のタマネギの皮むき……といった雑多な仕事をして、1日5000円から7000円をかせいだ。これらのバイト代は生活費にはつかわず、旅行や合コンのためにためていた。

炊事場と便所が共同の四畳半の下宿は、家賃1万円。大家さん宅の呼び出し電話だから電話代はからない。毎月数千円もかかるスマホが必需品の時代じゃなくてよかった。

家賃と光熱費をはらうとのこりは3万5000円。そこから月に5000円は教科書や書籍代に消える。

節約のため、まずけちったのは220円の銭湯代だ。高校時代のように1日おきに入浴したら月3300円になるから、入浴は週1回ときめた。それ以外の日は夏でも台所で髪をあらい、タオルに水

をひたして体をふいた。もちろん石鹸やシャンプーはつかわない。おかげで50歳をこえた今でもシャンプーは無縁だし、石鹸の消費量は1年に1個か2個だ。

家電会社につとめる親類から「大は小をかねる!」とすすめられて1万円で買った中古の家庭用巨大冷蔵庫に、夏は下着やタオルを保管した。扇風機がなくて暑さで寝苦しい夜は、冷凍タオルと冷凍下着で涼をとった。

2回生になると、シャワーつきのワンルームマンションに入居する後輩が増えたから、彼らの部屋でシャワーをあびられるようになった。

「焼酎=安酒」のイメージは1980年代から

カネはなくてもアルコールは毎日ほしい。

1升900円の麦焼酎「いいちこ」か、そば焼酎「刈干」「雲海」を常備した。

ビールは高いから買わない。たまに入手しても、安く酔えるように焼酎でわる。

ぼくらの学生時代は「安酒」といえば焼酎だったが、就職して8歳上の先輩記者にこう指摘されておどろいた。

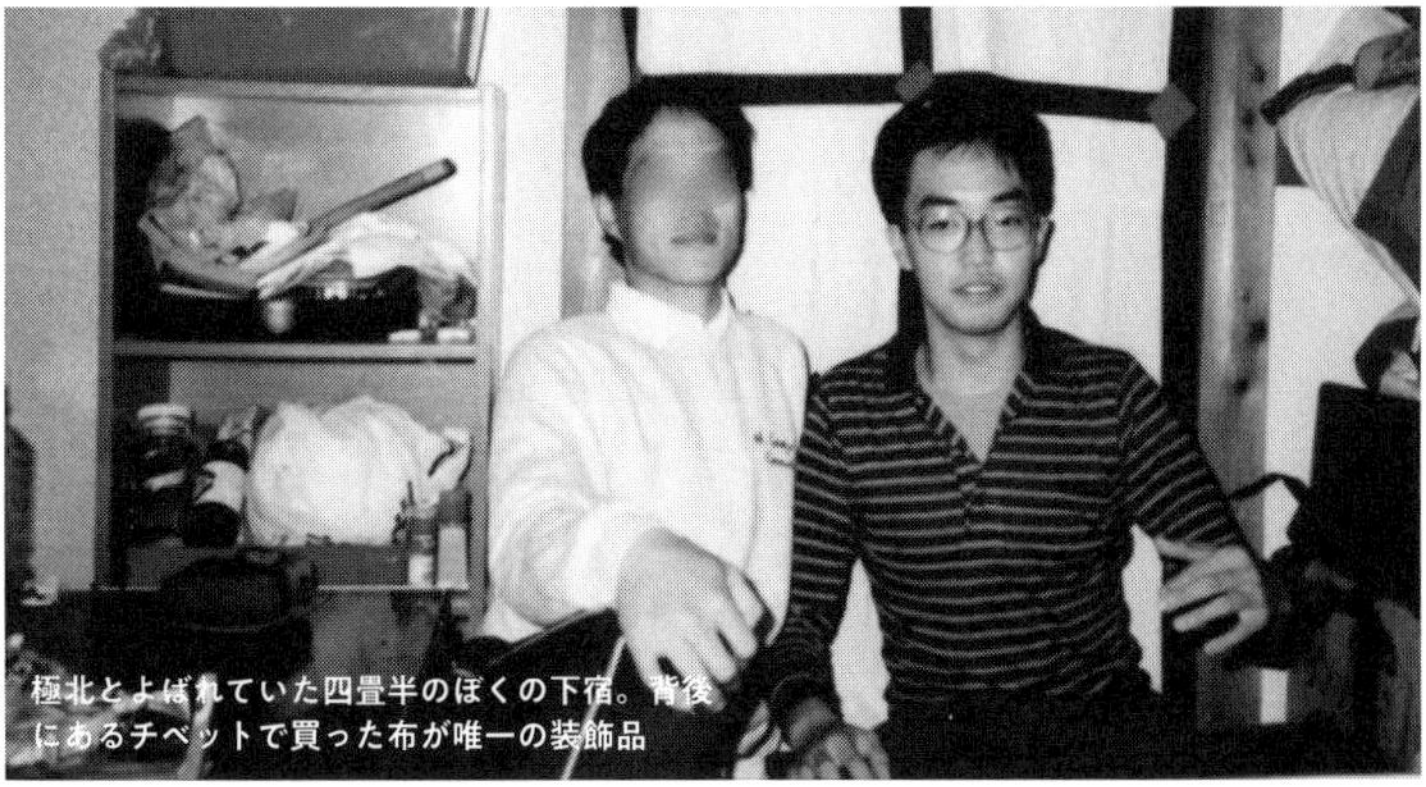

極北とよばれていた四畳半のぼくの下宿。背後にあるチベットで買った布が唯一の装飾品

「おれたちの時代は安酒といえば2級酒だった。焼酎なんてのまなかった」

彼よりちょっと年長の男性は「2級酒にトウガラシをいれて、走りまわって酔いをまわしたなあ」。

さらに上の世代の京大出身者は「2級酒の前は合成酒だったな。理学部の東にあった飲み屋『出世男』でそれをのむと、とてもはやく酔い、翌日はきまって頭痛がした」とメッセージをくれた。

子どものころ、特級・1級・2級の酒があり、正月のお屠蘇だけは特級酒で「これはめったにのめないんだぞ」と、おやじがもったいぶっていたのを思いだした。日本酒の級別制度は酒税法改正にともなって1992年になくなった。

しらべてみると、焼酎ブームはいくつかの波がある。

最初のブームは1970年代なかば。鹿児島の芋焼酎「さつま白波」が福岡についで東京に進出したのがきっかけだった。

これに触発されて1979年に発売された大分の麦焼酎「いいちこ」(三和酒類)は「下町のナポレオン」というフレーズで80年代の第2次焼酎ブームをおこした。そば焼酎は、宮崎県五ヶ瀬地方の雲海酒造が、特産品のそばを活用するために開発し1973年に発売したのがはじまりだ。そば焼酎は「現代の酒」なのだ。

一方、1980年代から居酒屋チェーンが激増し、甲類焼酎を炭酸でわる「チューハイ」(焼酎ハイボール)を主力商品とした。これによって甲類焼酎の消費量が飛躍的に増加した。さらに2000年代になると、「森伊蔵」「村尾」「魔王」といったプレミアム焼酎の人気で芋焼酎ブームがおきた。大阪にも焼酎専門のバーがいくつも開店し、新聞記者をしていたころは毎晩のように夜中までのんだ記憶がある。

あたりまえだと思っていた「焼酎＝安酒」のイメージは、ぼくらが大学に入学するほんのちょっと前にできたものだった。

傷物の格安野菜をカレーに

焼酎代をのぞく食費は毎月最大でも2万円だから、朝食はパンの耳（ヘタパン）だ。

叡山電鉄の出町柳駅の正面にある柳月堂というパン屋で半斤ほどのヘタパンを5円で買った。ただでくれる店もあるが、柳月堂のパンはこうばしく、ときどき菓子パンの切れ端をまぜてくれた。

ぼくは1回5円しかつかわない「お得意さん」だが、顔なじみになっていたから、「たまにはおいしいパンも食べな」と、売れのこりの焼きそばパンをおまけしてくれることもあった。

柳月堂は今も営業しているが、ヘタパンはおいていないようだ。買う人がいなくなったのかもしれない。

夕食は、大学生協で売っている一番安い米と、それよりさらに2割安い麦を半々でまぜて飯盒でたいた。おかずは、八百屋のいたみかけた野菜をひと盛30円とか50円で買ってカレーやシチューにした。肉は、一番安い鶏手羽先ばかり。今は手羽先より手羽元や胸肉のほうが安価だが、当時は逆だった。

ぼくの父は給食会社の社長の運転手をしていたから、時折パックづめの充填豆腐や缶詰などが実家からとどいた。しおれかけた白菜を買ってきて、豆腐とシーチキンをいれてぐつぐつゆでてポン酢で食べた。この「白菜シーチキン鍋」は冬に友人がきたときのふるまい料理の定番だった。

寮食より安い「かけうどん＋ごはん」

昼食は吉田寮の食堂か大学生協が定番だった。

当時、吉田寮の定食は寮生が１８０円前後、寮生以外は２５０円だった。ごはんの盛りが多くて、野菜も肉もたっぷりで、腹いっぱいになった。

寮では「赤旗の歌」の替え歌をうたっていた。

人民のメシ寮食は　安くて量が多い
エスポ（エスポワールという学生生協のおしゃれなカフェ）では高すぎる
王将では胃に悪い
人民のメシ寮食は　安くて量が多い

人民の酒焼酎は　安くてまわりがはやい
ビールでは腹が張る　ウイスキーでは高すぎる
人民の酒　焼酎は　安くて　まわりがはやい

でも、毎食２５０円でもぼくには高い。

ふだんは大学生協で90円のかけうどんと20円のごはん

出町柳の柳月堂、毎日のように
ヘタパンを買っていた

を注文した。無料の天かすをたっぷりのせ、真っ赤になるまで七味をかけ、まずはうどんをすする。それから汁にごはんをいれる。唐辛子がからくて水をガブガブのむから満腹になった。余裕があると、ほうれん草のおひたし（30円？）や生卵をそえた。

ボヘミアンの例会後はよく百万遍の「ハイライト」という食堂にいった。定食で一番安いのがジャンボチキンカツ。それだけが唯一400円台だった。500円をこえるミックスフライ定食がうらやましかった。

今もハイライトは営業していて「シェフのイチ押し」が「ジャンボチキンカツ定食660円」。ぼくは毎回「イチオシ」を食べていたんだな。30年前より200円値上がりしている。

ハイライトと銀閣寺の交差点のあいだには、皿うどんやチャンポンの名店「まつお」がある。当時はチャンポンの店はめずらしかったから、カネに余裕があるときにでかけた。

先日、30年ぶりに食べにいった。やさしいうまみはダシ文化が発達した京都らしい。でも具は質素で、学生の

いまも営業している百万遍の「ハイライト」

ときのようなインパクトはかんじない。チャンポンの店が増えたからか、ぜいたくになれてしまったからか。

合コン以外で喫茶店にはいることはなかった。コーヒー代300円で生協の定食を食べられるからだ。ゼミの実習など、喫茶店であつまる際は、麦茶をいれた水筒と「柳月堂」のパンの耳を持参した。

バナナ炒めもふるまい料理

だれもが貧しい食生活だが、ボヘミアンにはそれぞれ得意料理があった。

ぼくは、白菜シーチキン鍋と手羽先カレーのほか、海外旅行でおぼえたバナナの炒め物。

「なんじゃこりゃ。あまいバナナをいためるなんて、へんやろ？」

「人間の食い物ちゃうで」

……とか文句を言いながら、だれものこさずたいらげていた。

コージの武器は、こたつの上に常時おいてあるホットプレートだ。

「きょうは焼酎もつまみもよおけあんで～」というから疎水沿いの「銀月アパートメント」2階をたずねると、なぜか畳の上にニンニクが5玉ころがっている。それをむいてホットプレートで焼くだけ。

「つまみがよおけある」って、ニンニクだけかいな！

塩味もいいが、マヨネーズが意外にしっくりした。でも2人でニンニクを3玉も食べたら刺激が強すぎて腹をくだした。

「おまえの白菜鍋より、ぜったい俺の料理のほうがうまいで」と自信たっぷりのシオモトのふるまい料理は「卵コンビーフ」。

高校の野球部でヘッドスライディングをやりすぎたせいか頭をつかう料理は苦手だから、コンビーフと卵をいためるだけ。高価なコンビーフはそのままでもうまいんだから、卵とくみあわせてまずいわけがない。「これは料理とはいわん。反則や」と文句を言いながらよろこんで完食した。

タケダは腎臓病になってアウトドア活動に参加できなくなり、下宿で自炊をはじめた。彼は「少年ジャンプ」を購読していた。発売日の月曜にぼくらは彼の部屋にあつまり、「北斗の拳」をまわし読みしていた。そのとき彼がつくるピーマンの肉詰めなどの料理は、当時のぼくらには考えられない高度な一品だった。

キリマンジャロの酸味をあじわう

ぼくは高校時代、ネスカフェのインスタントコーヒーこそが「本物のコーヒー」だと思っていたが、大学生になって「本物のコーヒー」が別にあることを知った。

ある日、実家からの荷物にあったAGFのインスタントコーヒーをみやげに曼殊院の隣にあるセージの下宿をたずねた。

「おまえ、いつもネスカフェばかりやろ。AGFのほうがうまいんやで」

ぼくが自慢げにコーヒーをわたすと、セージは軽蔑したようにこたえた。

「おまえは、カネがないもんやから、本物のコーヒーを知らんのや」

「じゃあ、なにがうまいんや？」

「これや、のんでみ」

いつもの砂糖たっぷりのネスカフェかと思ったら、微妙に味がちがう。

「うまいやろ。コロンビアや」

「ほお、たしかにうまいな」

「コロンビア」なんて銘柄はきいたことがなかったが、「知らない」というのはしゃくだから知ったかぶりをした。すると、

「じつはインスタントコーヒーに塩をひとつまみいれたんやけどな。こうしたら苦みやあまみがひきたつやろ」

数週間後、今度はぼくがセージに「本格派のコーヒー」をふるまった。

「どや、うまいやろ。キリマンジャロや。本物のコーヒーはやわらかい酸味があるんや」

「おお、キリマンジャロは酸味があるときいたけど、ほんまやなぁ」

それはインスタントコーヒーを薬缶にいれてわかし、ポン酢を数滴たらしたものだった。

53歳で新聞社を中途退職してプータローになり、学生時代がなつかしくなって、ボヘミアンメンバーたちの下宿跡をたずねてみた。

ぼくの修学院の下宿はすっかり古びていて、標札は8部屋すべて外国人の名前になっている。

セージの「水明荘」はもはや存在しない。

一方、コージの下宿「銀月アパートメント」は昔の雰囲気そのままだ。学生時代はボロ下宿としか思わなかったが、コロニアル風のおしゃれな洋館だ。大正か昭和初期の建築で、アーティストのあいだでは人気があるらしい。不動産関係のサイトをみたら「家賃2万8000円」。

コージがすんでいたころのほぼ倍に値上がりしている。

コロニアル風のつくりでアーティストに人気の「銀月アパートメント」

階段下に呼び出し電話をかねた公衆電話があったが、撤去されている

学生時代、家賃をふくめて月4万数千円の下宿暮らしでも、毎日がたのしかった。中学時代、おやじの給料袋の中身をかぞえたら17万円だった記憶がある。4万円でもたのしいのだから、家族4人とはいえ17万円もあったら余裕たっぷりやん！　と思った。

「将来破産したりはたらけなくなったときのためにも、月4万円でもたのしいんだ、ということを体でおぼえておこう」

何度もそう念じた。将来どこかで挫折すると確信していたからだろう。

新聞社を退職後、1カ月だけ4万円（家賃はのぞく）でくらしてみることにした。

朝食は玄米とみそ汁と梅干し。昼は残りのみそ汁に卵をくわえておじや。夕食は、格安の鶏手羽元やイワシ、アジでおかずをつくった。毎日欠かせない酒は、1本100円そこそこの発泡酒と、4合瓶で298円の格安ワインか焼酎にした。その結果、ぎりぎり4万円におさまった。でも、味も素っ気もない日々だった。

19歳にとっての月4万円の生活と、50歳にとっての4万円生活とは幸福感やつらさがまったく異なるとは、大学時代のぼくには想像できていなかった。

「ボヘハウス」誕生　ネコ1匹とズボラ2匹がママを翻弄

例会場を失い拠点さがし

常識の欠如した学生が20人もあつまるとかなりうるさい。

ぼくらが2回生のころは、百万遍の北東にあるタケダの下宿が例会場だった。8畳ほどの広さで大学にも近く、「少年ジャンプ」を常備しているため毎日のようにボヘミアンのメンバーらがあつまり、「うるさい」「しずかにしろ」と近所から苦情があいついだ。

そこで、叡山電車の出町柳駅にちかいシオモトの下宿に例会場をうつした。広大な屋敷の敷地にある、地主宅から独立した離れの1階の6畳間だから大丈夫かと思ったが、2階の下宿人や別の離れからの苦情が殺到し、「いいかげんにでていってくれ!」と大家さんから通告された。

シオモトをホームレスにするわけにはいかない。

以来、ボヘミアンは文字どおり「放浪者」になった。例会は教養部（吉田南構内）の教室でひらいた。当時はまだ施錠もされず、教室で寝泊まりすることも可能だった。

でも冬になると、ストーブも炬燵もない夜の教室は寒すぎる。

1986年10月、セージとタケダ、シオモトの3人で、「ボヘハウスプロジェクトチーム」が発足した。

不動産屋をめぐると家賃4万5000円のかっこうの物件があった。

場所は寺町通今出川上ル。砂利道の路地の奥の古い木造の長屋の一角だ。一軒家だから多少さわいでも平気そうだ。

1階には台所とトイレと6畳と4畳半と土間、4畳半や土間はボヘの事務所兼倉庫につかえる。2階には6畳と4畳半がある。こちらは居住空間にぴったりだ。

ボヘハウスオープン

酷寒の曼殊院の隣にすんでいたセージと、例会場だったことで近隣住民とのいざこざがたえなかったタケダの入居はまっさきにきまった。でも2人で4万5000円では負担が重い。ぼくも一度は入居を考えたが、1万円の家賃が1万5000円になったら生活できない。

3人目がきまらず、プロジェクトが頓挫するかと思ったとき、「来春からなら」と大阪出身のシノミーが手をあげた。彼は、ぼくの下宿から300メートルほどの、こぎれいな2階建て下宿の6畳間にすんでいた。大家さ

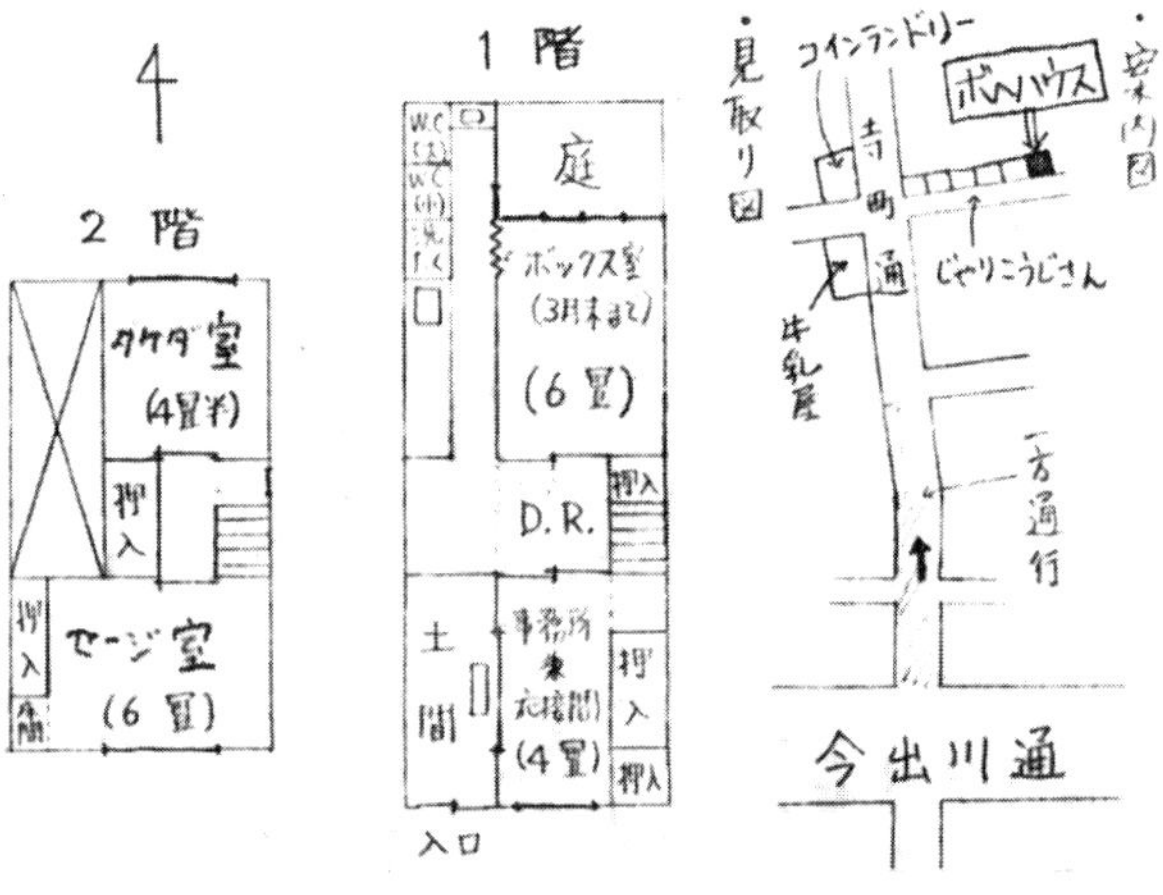

んとも仲がよく、不満はなかったはずだ。なのに彼は「ボヘミアンの危機を救うため」あえて手をあげた。酒癖も女癖も悪いシノミーだが、人にはひとつぐらいは長所があるものだ。

1986年10月26日、ボヘハウスは誕生した。2階の4畳半をタケダの居住スペース、6畳をセージとシノミーの部屋とし、1階をサークルのたまり場として開放することになった。

セージの部屋には相当数のアダルトビデオがもちこまれた。だれかがもってきた、トレイシー・ローズらが出演する無修正の金髪美女ものがセージのお気に入りだった。

犬のロンが去り、猫のチョキが登場

1987年初夏、シノミーの実家が火事で焼け、飼い犬のロンがボヘハウスに避難してきた。ナンパ好きのくせにずぼらなシノミーは、えさはやるが散歩にはつれていかない。鎖をはずして家の外にだすと、ロンは周辺の相国寺などをひとり（1匹）で歩きまわり、夕方になるとボヘハウスにもどってきた。

ある日、上品な60歳ぐらいのおばさんがボヘハウスをたずねてきた。ロンのあとを追跡してきたのだという。

「こんなおとなしくて、かしこくて、かわいいワンちゃんはみたことがない。ゆずっていただけませんか」

京都弁だったはずだけど、東京の山の手の女性のようにみえて、シノミーの記憶でもおばさんの言葉は東京弁になっている。

それ以来、おばさんは毎日やってきて、ロンにおやつをあたえるようになった。最初は警戒してうなっていたロンもそのうちになついた。

「私は犬を世話するのだけが生きがいで、家にも5匹かっています。一度うちにつれていっていいもいいですか?」

そう言っておためしで何度かつれかえり、ほかの飼い犬ともなじんできた。そしてロンは、おばさんの家にもらわれていった。

ぼくらはおばさんの名前も住所も知らない。ボヘミアン界隈では「ロンおばさん」とよんでいた。


ロンがいなくなってしばらくして、タケダが子猫をもらってきた。

猫じゃらしを顔の前にぶらさげると、つかまえようと必死になって格闘し、疲労困憊するとうんこをもらす。ちょっとバカな子猫だから、名前はパーにしよう、という話がでたが「チョキ」と名づけられた。ずぼらなシノミーやタケダは世話をしようとしないから、セージがトイレの砂を買ってきてしつけた。

子猫はかわいい。タケダは尻尾をつかんでぶらさげてふりまわす。今なら動物虐待だ。

そんな環境でチョキはたくましくそだった。

ネズミやゴキブリをくわえてきて、「あたいからのおみやげよ!」と言わんばかりに部屋におき、ほこらしげに「ミャ〜!」と鳴く。

チョキは部屋の四隅の柱をかけのぼるのを常としていた。ある日、セージが外出着に着替えるため上半身裸になると、チョキは猛然とダッシュして、するどい爪をたてて一気にセージの体をかけあがった。

「イテテッ、イテーッ！」

悲鳴をあげるセージをよそに、チョキは得意そうに天井の梁の上でまのぬけたあくびをした。セージの毛むくじゃらの上半身を森の木とかんちがいしたのだ。

傷だらけのセージの背中をみて、ぼくらはひとしきり笑いつづけた。

数カ月後、チョキのおなかがふくらんできた。まさかの妊娠だ。

「まだまだおぼこい娘と思っていたのに。こんなふしだらな娘にそだてたおぼえはありません！」

セージは思春期の娘をもつママのようになげき、不妊手術をうけさせた。

ボヘハウスでは1988年春に住民がいれかわったが、チョキはボヘのアイドルでありつづけた。ときおり家出をしてはもどってきたが、すっかり老猫となったあるとき、ついに家出したままかえってこなかった。
猫は死ぬところをみられるのをいやがるという。彼女はきっと死に場所をみつけたのだろう。

1年に1度、ボヘハウスをはなれていたかった日

ボヘハウスという拠点ができたことによって、バイトや飲み会がない日は、ほぼ毎日ボヘハウスで時をすごすことになった。「極北」とよばれたぼくの下宿は京大の約4キロ北の修学院離宮の下だから、冬はいたたまれないほど寒い。必然的にボヘハウスにいりびたることになる。

でも1年で1日だけ、ボヘハウスをさけたい日があった。12月24日だ。

世はバブル全盛期。12月にはいると、町にはジングルベルがかまびすしくひびきわたる。

ぼくらはクリスマスまでに恋人をつくろうと、秋が深まると毎年のように合コンに参加した。

「今年のクリスマスはオレはボヘハウスにいかへんと思うわ」

ぼくが言うと
「オレもたぶん夜は無理や」とシオモト。

「ボクもぜったいいそがしいはずだからね」とトミー。

「当然ボクはいませんよ」とキウチ。

みんなの言葉どおりになれば、1986年クリスマスイブのボヘハウスには、究極のもてない男アシカワと、女がこわいヤマネぐらいしかいないはずだった。


当日、日が暮れると手持ちぶさたになり、自然と足はボヘハウスにむかう。ただし、はやい時間からボヘハウスでのむのでは面目がたたない。しばし、鴨川沿いで寒さにふるえながら焼酎をあおった。

午後8時前、寒さにたえかねてボヘハウスの戸をあけると、たまり場である奥の6畳から騒々しい声がきこえてきた。

「おっ、やっぱりフジャーもきたか。ま、のもか?」

キウチがぼくに紙コップを手わたし、焼酎をそそいだ。トミーやシオモトをふくめ、10人以上があつまり、鍋はグツグツと煮えたぎっていた。

結局ぼくは、大学5間のうち、中米のニカラグアという国ですごした1988年以外は、ボヘの連中と鍋をかこんでクリスマスイブをすごすことになった。

洗濯した記憶がないタケダ

共同生活には独特のストレスがある。夫婦の関係もそうだけど、几帳面な性格の人間のほうがイライラをつのらせるものだ。

タケダは料理はつくるものの、掃除や洗濯はしない。安売りの靴下を買って、表・裏・表・裏とはいて、くさくなったらすてていた。

……という記憶を本人に確認したら言下に否定した。

「いくらなんでも表裏なんてはけへん。きたないやろ！」

そして彼は真相をかたった。

「洗濯がめんどうやから、靴下は30足はもってた。1カ月で一巡して、3カ月で3巡するまではく。90日は洗濯しないですむ。ただし、においがせん靴下をはいたつもりでも、身につけるとにおいだす。とくに冬場の炬燵はあかん。すごいにおいになった……」

そこまできいて思いだした。冬場のボヘハウスの炬燵の猛烈なにおいはタケダの足だったのだ。ちなみに彼はパンツも30枚もっていた。何日かはくと「尻にべったりはりつく」という。ほかの服は？とたずねると「洗濯した記憶がない」。

もったいない。なによりきたない。

にもかかわらず、スタイリストを自称していたタケダは、スーツや革ジャンなど、高価な服をそろえていた。映画「つむじまがりぶる〜す」を撮ったとき、いけすかない金持ち学生役の衣装はすべてタケダのものだった。

汚いやつなのに清潔にみえて、もてる。一方、セージは毎日風呂にはいり、洗濯もこまめにするのに「きたない」と言われる。

「どう考えても、タケダがオレより清潔感があると思われるのは不条理や。ゆるせん！」

セージはいつも腹をたてていた。

掃除をさぼりたおす2人にママは根負け

ボヘハウスの清掃は住民3人で当番をきめていた。だが、タケダとシノミーはめんどうな仕事はさぼりたおす。

セージはさぼろうとする2人をしかる。そのときはしぶしぶ雑巾を手にするが、そのうち、いくら小言をくりかえしても馬耳東風、馬の耳に念仏となる。

とくに問題なのはトイレだった。ボヘの連中が毎日のようにおとずれるからすぐによごれる。セージでさえも掃除はしたくない。

当番がきちんと機能すれば問題ないが、タケダとシノミーはすきあらばさぼった。セージは決意した。

「やつらがたえられなくなってみずから掃除をするまで、おれはせえへん。今度は負けへん」

1週間もすると、便器は黒ずみ、うんこがこびりつき、陰毛がすみっこにふきだまり、ハエが旋回しはじめた。

だが、タケダとシノミーはこれを「きたない」とすらかんじない。

けっきょく、よごれきった便器を掃除したのは、根負けしたセージだった。

「どろどろによごれたトイレをかたづけるストレスといったら……こんなんやったらはじめから自分

で掃除しとけばよかった……」「共同生活のルールも守れんガキの相手は疲れる」

セージはストレスと怒りを、ボヘミアン共通の日記である「ボヘノート」にぶつけた。

ぼくらはそれをよんでは腹がよじれるほど笑い、いつしかセージのことを「ボヘハウスのママ」とよぶようになった。

「クイズ　Mr.ロンリー」で優勝、賞金30万円

ボヘハウスが軌道にのったころ、セージはボヘミアンの威信をかけて毎日放送（ＭＢＳ）の「クイズMr.ロンリー」という番組に出演することになった。

この番組は、クイズにこたえるのは男性出場者で、ひな壇にならんだ女性出場者30人がクイズを出題する。男性は女性がよみあげるクイズに正解しつづけないとそれまで獲得していた賞品が没収され、賞金は半額になるが、女性は出題相手が正解するだけで賞品と賞金を獲得できるという女性優位の番組だった。

時間いっぱいの時点でチャンピオンの座にいた解答者が「今週のチャンピオン」となり、ハワイ旅行をかけたチャレンジクイズに挑戦し、正解すれば解答者も出題者も海外旅行にいけるという、バブルの時代らしい大盤ぶるまいの番組だった
男が正解すると女は得をするから、出題する女の子は解答者に投げキスしたり、クネクネと「お願いしまぁす！」としなをつくったりする。その中のひとりが、セージに声をかけた。

「セージさん、デートしてください！」

「ほっ、ほんまですか？」

セージはのぼせあがった。

1問目を正解して5000円、2問目正解で1万円、3問目も突破して2万円……。事前にボヘハウスで作成した予想問題も出題された。

「DCブランドのDはデザイナー、ではCはなんでしょう?」

すこしためて、悩んだふりをしたあと、セージはこたえた。

「キャラクター!」

放送局におしかけた約10人のボヘミアンは、横断幕をかかげ、セージがこたえるたびに雄叫びをあげつづけた。熱烈な声援をうけたセージは全10問に正解し、みごとチャンピオンになった。

次は、ハワイ旅行をかけたチャレンジクイズだ。

「5月10日から16日は愛鳥週間、では文化の日をはさんだ週はなに週間でしょうか?」

セージは自信満々でこたえた。

「愛犬週間!」

なわけねぇだろ!

「サイテー!」

出題者の女の子にののしられて、セージの活躍はおわった。

ぼくらボヘミアンにとっては、すでにカラオケセットなどの賞品や30万円の賞金は獲得したわけだし、セージがひとりハワイにいってもたのしくもなんともないから、まちがえてくれてもかまわない。

「ガハハ、セージ最低!」

「賞金できょうは宴会や!」

応援団は大騒ぎだった。

放映日の新聞テレビ欄には「狂乱京大生…！」と紹介された。

とにもかくにも、30万円という多額の賞金をゲットしたのだ。当然、応援団にもいくばくか還元されるはずだ。京都にもどり、セージはみんなに宣言した。

「みんな、なんでも食ってくれ！」

「オーッ、さすが隊長や」とよろこぶ隊員たちをひきつれ、彼がはいった店はココイチだった。

蚊取り線香でボヤ　追いだし危機

1987年、夏の夜のこと。タケダは息苦しくて目をさました。

部屋に煙が充満し、ふとんがブスブスとくすぶっている。火事だ。

蚊取り線香の上にふとんをかぶせたまま寝てしまったのだ。

タケダはあわてて水をかけた。1階の部屋まで水びたしになった。真っ黒にこげたふとんは家の前の路地にだして消火した。そこまではよかったが、ずぼらなタケダはそのままふとんを放置して朝をむかえた。

こげたふとんを目撃した近所の人が大家さんに通報した。せまい路地にそって木造長屋がつらなっているから、火にはシビアなのだ。

すぐさま大家さんからよびだしをうけた。犯人のタケダではなく、なぜかセージが大家さん宅をたずねた。

「ご近所さんは、ほんまに怒ってはります。もう一度おなじことをおこしたらでていってもらいますっ！」

きつくしぼられ、セージは何度も頭をさげてあやまった。ここでもタケダとシノミーは逃げた。なんとか追い出されずにすんだが、気の毒なのはやはりセージだった。

ボヘハウスは数年後に場所をうつしたが、２０２３年現在もつづいているらしい。

２０２２年に旧ボヘハウスのあった路地をたずねると、長屋はとりこわされ、駐車場になっていた。

クイズの賞金のうち12万円でセージはファルトボート（折りたたみ式カヌー）を買い、「安曇川号」と名づけた。椎名誠の盟友・野田知佑の影響だった。滋賀県の安曇川などで遊ぶうちに、ボヘメンバーはカヌーの魅力にめざめ、社会人になって金銭に余裕ができると次々にカヌーを購入した。

ぼくも朝日新聞松山支局に勤務していた１９９３年にファルトボートを入手した。処女航海はセージと２泊３日で四万十川をくだることになった。

四万十川は台風の通過直後で増水し、濁流が轟音をたてていた。

「こんなん、初心者がくだれるんか？」

びびるぼくにセージは言った。

「なさけないやっちゃなぁ。カヌーは水面をすべるから大丈夫や」

真新しい赤いカヌーにビールをかけて進水式とし、先生役のセージにつづいて出艇した。20秒

砂利だった路地は舗装され、左奥にあったボヘハウスは駐車場になっていた（2022年）

四万十川で。手前が「安曇川号」

後、激流のなかで転覆し、カヌーは岩にはりつき、バキバキッと音をたてて骨格が折れた。500メートルほどながされて上陸し、1時間かけてガムテープと木切れで修理し、再出艇して10分後、また転覆した。結局1日目だけで10回以上、水中にほうりだされた。

「あんな激流、初心者にこがせるなんて、自殺行為やったわ。新聞記者が新聞記事になったらしゃれにならんな」

河口に到着して旅を終えると、セージはひとごとのようにうそぶいた。

日記・文集・新聞……ボヘ・メディア発達史

非ワープロ時代の切り貼り新聞

ボヘミアンではサバイバルや映画、演劇といった大きなイベントのたびに文集をつくった。新入生歓迎の勧誘パンフレットには1年の活動記録をまとめて掲載していた。1986年は冊子ではつまらないからと巻物にしたら、見た目は斬新でも、長さ10メートル25センチもあってよみにくくて往生した。

「ボヘノート」は、要はみんなの雑記帳だ。ボヘハウス誕生後は「ボヘハウス日記」もできた。

さらに1986年10月には「放浪者《ボヘミアン》」という新聞を創刊した。初代編集長はなにわのナンパ男シノミーだ。当時すでにワープロが発売されていたが、シノミー編集長は、すべて手書きの原稿を切り貼

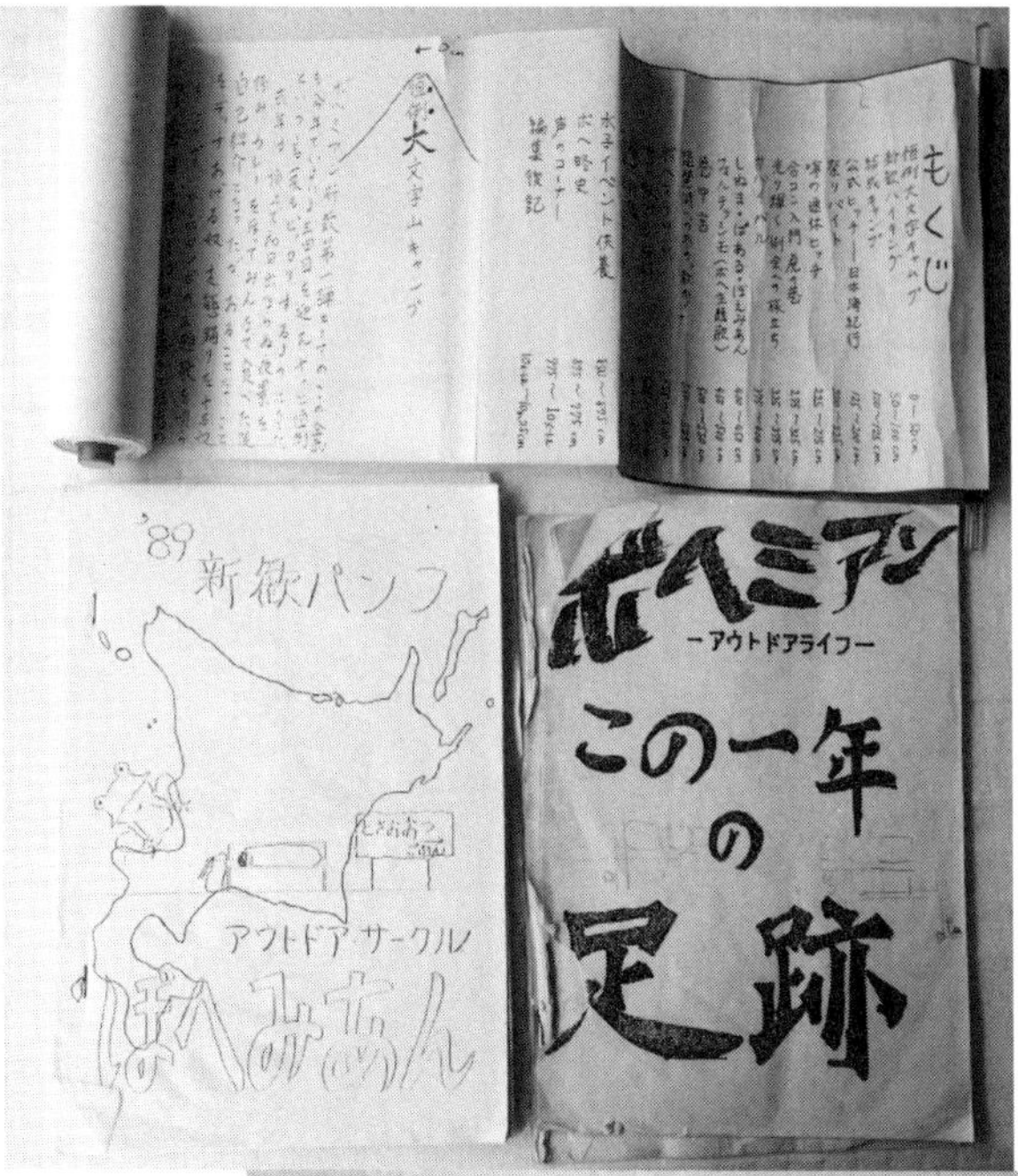

新入生用につくった1年間の活動記録。上が長さ10メートルの「巻物」

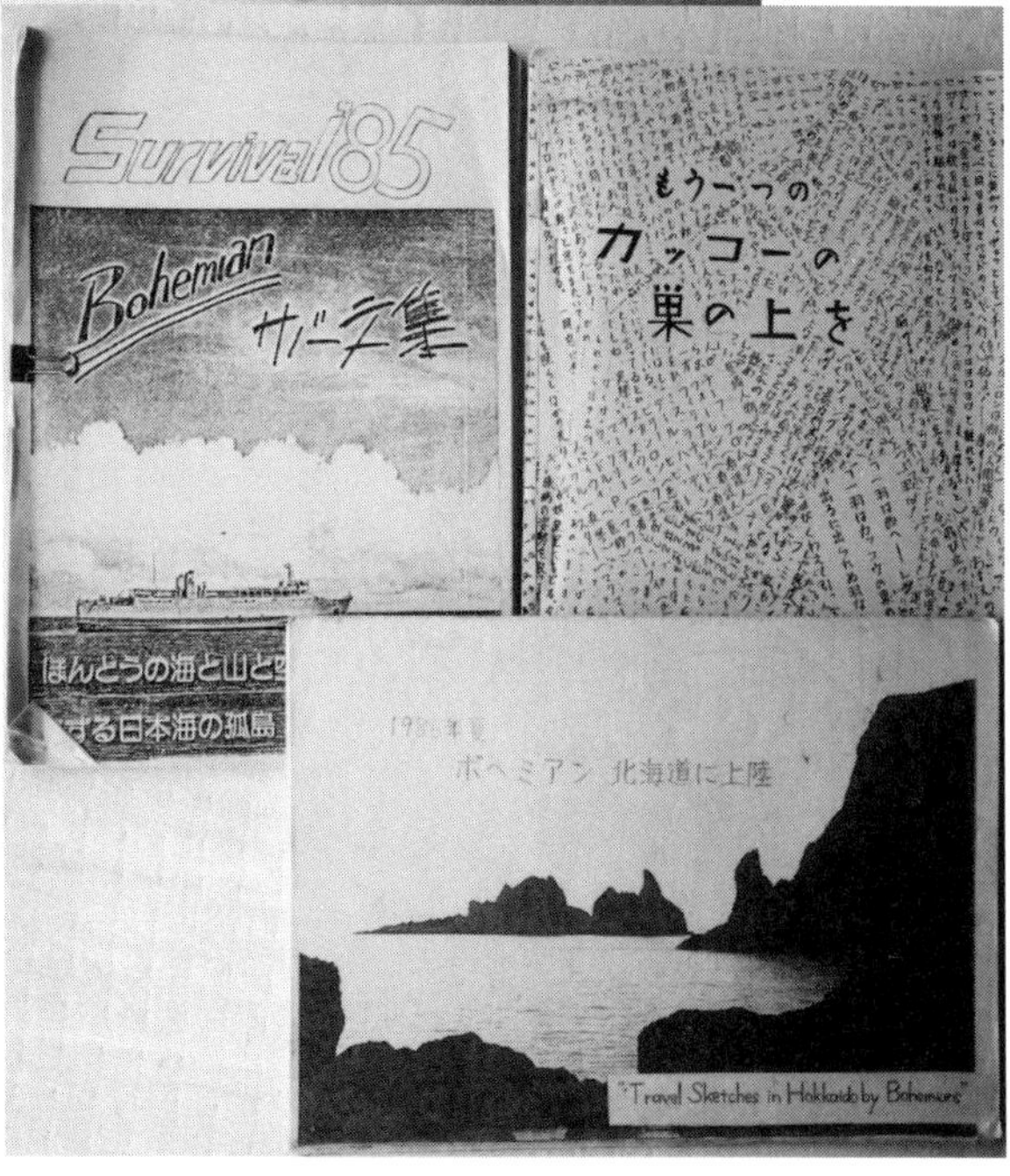

サバイバルや演劇など大きなイベントが終わるごとに「文集」をつくった

りしていた。

最初の日本語ワードプロセッサーは1978年に東芝が630万円で発売し、1985年ごろから5万円前後の機種が登場していた。ぼくは1989年に卒論を書くためにシャープの「書院」を5万円弱で入手したが、86年にはぼくらにはまだ高嶺の花だった。

ワープロの出荷台数は1989年にピークをむかえ、1999年にはパソコンとワープロの売上が逆転。2003年にはワープロ専用機の製造は終了する。寿命のみじかい商品だった。

1986年10月発行の「放浪者」創刊号は、司法試験の勉強のため引退するコージ（1期生）とツル（同）の特集で、2人の言葉とほかの隊員からの「贈る言葉」をまとめた。

みんなが思いをつづる「言いたい放題」コーナー、セージのポルノ映画批評の連載、コヤマの麻雀連載などさまざまな記事があったが、今よんで役だつのは「自炊は楽し」というタケダのレシピ程度だろう。「ナスとトマトのグラタン」「鰯のネギ巻き焼き」「肉詰めピーマン」といった本格派で、残念ながら当時のボヘミアンではだれもまねることはできなかった。

究極のもてない男は正露丸をあぶる

「放浪者」編集長シノミーは「助さんの股裸夢」というコラムを担当していた。「助さん」というのは、女の子をとっかえひっかえしてあそびつづけるスケベな性癖から名づけられた。

1987年1月、第6号の「今年のボへの女運」についてのシノミーのコラムは大反響をよんだ。

3回生のクマとヤマネ、絶望的。2回生。コヤマは奈美ちゃん（島田奈美＝現在は島田奈央子の名で

メンバー共有の雑記帳兼日記「ボヘノート」

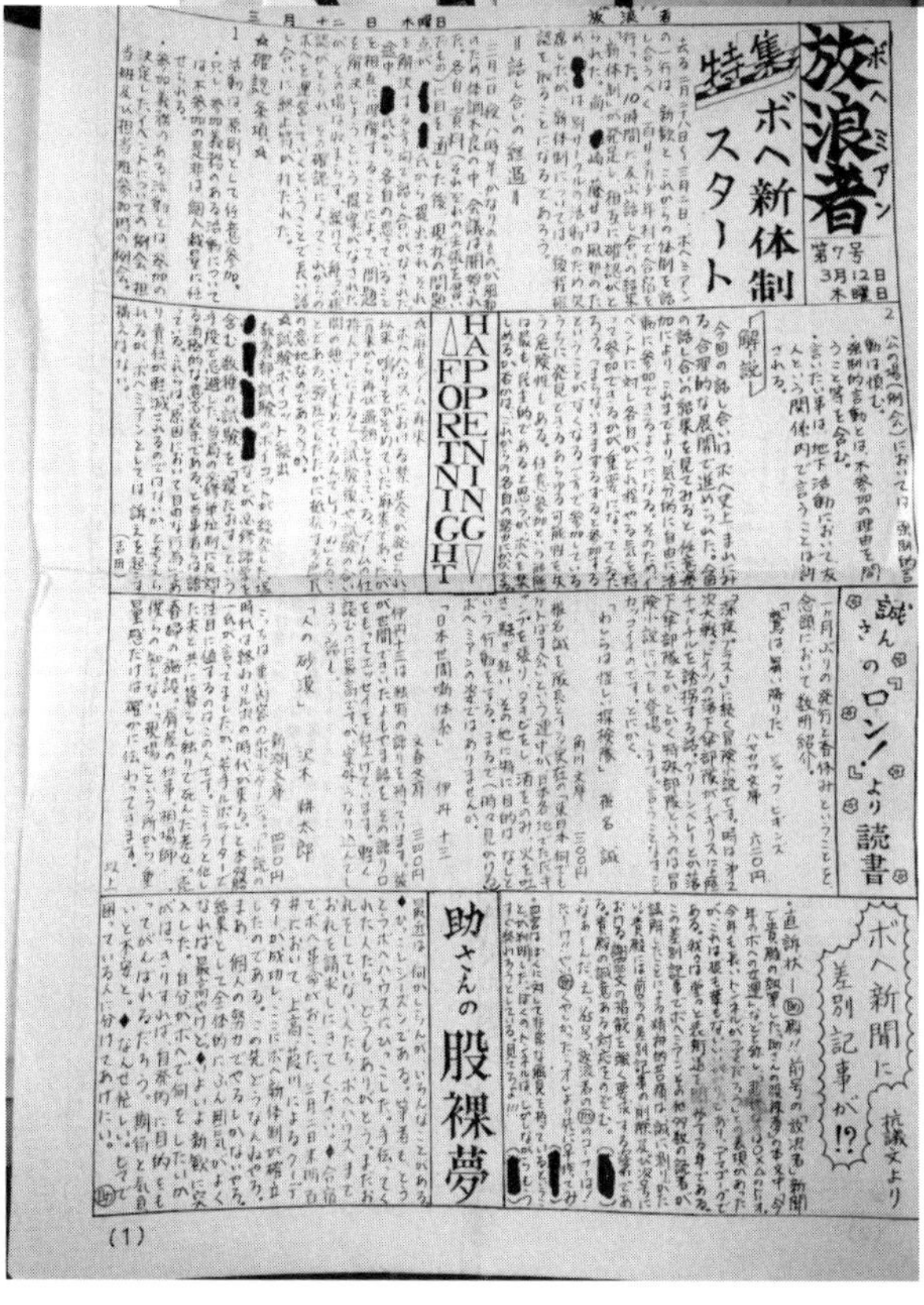

1986年創刊の新聞「放浪者《ボヘミアン》」

音楽ライター）一本だし、シオモト・フジーは気合いが空回りしているだけで成果は望めない。セージはボヘのことで頭がいっぱい？　だし、シモザキは必要がない。期待できるのはタケダ・ヒョーメの2人のみ。1回生。派手にやってるヤマハラはいいとして、悲惨なのはトミー・キウチ・アシカワのトリオ。今年も長いトンネルがつづくだろう。

「悲惨」と評された1回生の3人は3月発行の7号に抗議文をよせた。

「根も葉もないいいがかりである。われわれは堂々と表街道を闊歩する身である。……差別記事の削除及び謝罪文の掲載を強く要求する』（アシカワ）

「なぁーんだ、えっ？　放浪者のスケのコラムは！　やいスケ！　くやしかったらオレより先に彼女つくってみ！」（キウチ）

「シノミーはぼくに対して非常な偏見を持っているということが判明した。ぼくのトンネルは、しかしながらもうすぐ終わろうとしている。見てろよ！」（トミー）

1年後、シノミーの予想どおり3回生のクマとヤマネにはなにもおこらず、2回生はタケダとヒョーメとセージに彼女ができたが、ぼくとシオモトはダメ。「悲惨」とされた1回生3人は全滅だった。

なかでも100年たっても彼女ができそうにないのがアシカワだった。

広島出身で背が低く、人の話をきけない。ということは会話がなりたたない。女性とつきあうなど夢のまた夢。女の子とせっする合コンやハイキングなどはみずから忌避していた。

「アシカワとくらべると、1年前のフジーでもナンパ男にみえるわ」と評されていたほどだ。

女性とせっすることさえさけるくせに、「○○が女の子とデートをした」という情報をききつけるとその下宿を急襲し、ぐだぐだと非難し、部屋にある酒をのみほし、くだをまく。ぼくにたいするアシカワの行動はとくにひどかった。

もてないぼくでさえも、2回生がおわるころには、たまには女性と喫茶店にいくこともあった。その話をききつけてぼくの下宿にきた彼は大荒れに荒れた。

「フジャー、うらぎったな。ぜったいゆるせん。どんな会話をしたか、最初から最後まですべてはなせ！」

「どんな子でどこが魅力なんや。スタイルはどうなんや。どんな服を着ていたんや！」

話をきいたらさらにおこるくせに、ことこまかにききたがる。

どうやら彼は「フジャーは自分とおなじもてない仲間」と信じているらしい。ぼくもたしかにもてないけど、アシカワのもてなさとはレベルがちがう。

女の子とは世間話だけだったのだけど、せっかくだから話を創作した。

「短めの白いスカートが色っぽくて、スタイルがよくてドキッとしたわぁ。フジーさんのことずっとあこがれてたんですって、かわいい声で言われてうれしかったなぁ。これから、つきあうかもしれんわ……」

ないことないこと1時間ほどはなしつづけると、アシカワは、ぼくの「いいちこ」の一升瓶をラッパ飲みして空け、下宿の四畳半のなかを動物園のゴリラのように右に左にうろつきはじめた。

「腹たつわぁ」「うらぎりやぁ」「最低やぁ……」

ブツブツ言いながら、カラーボックスから正露丸をとりだしてスプーンの上にのせ、ライターであぶりはじめた。

「なにするんや！」

あわててとめたけどおそかった。正露丸の煙が部屋にもふとんにもこびりついて、1カ月以上、あの独特のにおいがぬけなかった。


こういうしょうもないエピソードを再現できるのも、ボヘミアンのうみだした数々のメディアのおかげなのである。

一方で、新聞「放浪者」も「ボヘノート」も、世間の大ニュースにはおどろくほど反応していない。

1987年は大きなニュースが目白押しだった。

4月1日、国鉄が分割民営化された。民営化前の国鉄労働組合（国労）は1985年4月現在で18万人超の組合員をかかえる日本最大の労働組合であり、旧社会党（社会民主党）の支持母体である総評の中核だった。民営化をすすめた中曽根康弘はのちに「国鉄分割民営化の真の目的は、労働組合の解体」とのべた。分割民営化は「55年体制のおわりのはじまり」だった。

5月3日には、兵庫県西宮市の朝日新聞阪神支局でマスクの男が散弾銃を乱射し、小尻知博記者（当時29）が死亡、犬飼兵衛記者が重傷を負った。「赤報隊」を名のる犯行グループが「すべての朝日社員に死刑を言いわたす」という犯行声明をおくりつけた。

そんな年なのに、「放浪者」や「ボヘノート」がとりあげている社会的ニュースは「おニャン子クラブの解散」と森高千里の歌手デビューぐらい。

社会問題をまなぶ、といいながら、一般社会と隔絶されたごくごく小さな空間に生息していたことが、「放浪者」に「掲載されなかったもの」をとおしてよくわかるのだ。

ボディに穴が開き、床上浸水する車

大学を卒業してすこしたった１９９３年、東京で芸能関係の仕事をしていたコヤマが「東京ボヘミアンスポーツ」を発刊した。94年8月の第4号ではホテルニューオータニでひらかれたヒョーメと京都女子大出身のトモちゃんの披露宴の様子を克明にレポートしている。

ボヘミアンの４人が隔離された会場隅の「竹」のテーブルは異様な熱気に包まれており、ローソクも異常燃焼を起こしていた。来賓の祝辞がはじまると、恐れていたとおり「竹」のテーブルからはブーイングや歓声が沸き起こり、他の出席者の嘲笑を買っていたのであるが、山場はヤマハラの祝辞であった。

「トモさん、どうして今あなたはヒョーメといっしょに高砂の席で、この私は竹の席なんでしょうか?」の質問に会場は爆笑の渦となった。

新郎の経歴紹介で、「新郎のヒョーメ君は京都大学法学部を優秀な成績で卒業し……」の部分で、当時のヒョーメの成績を知る竹の席の者たちから強烈なブーイングが起こった。また、ケーキカットの時のナレーション「新郎新婦のはじめての共同作業です……」にふたたびブーイングが起こったが、どちらもおめでたい席ということもあり、うやむやのままそれ以上追及されることはなかった。危険人物を竹の席に隔離するというヒョーメの作戦勝ちであろう。

93年の創刊号では、当時のぼくの愛車がイラストつきで紹介された。職場の先輩から5万円でおしつけられたトヨタ・スプリンターは、はずれかけた前照灯をガムテープで固定しており、車体にいくつも穴があいていて、雨がふると床上浸水した。だから梅雨になると、車内にはすえたにおいが充満した。

ひさしぶりに「ボヘスポ」をよんで思いだした。車なんて、うごけばいいのだ。

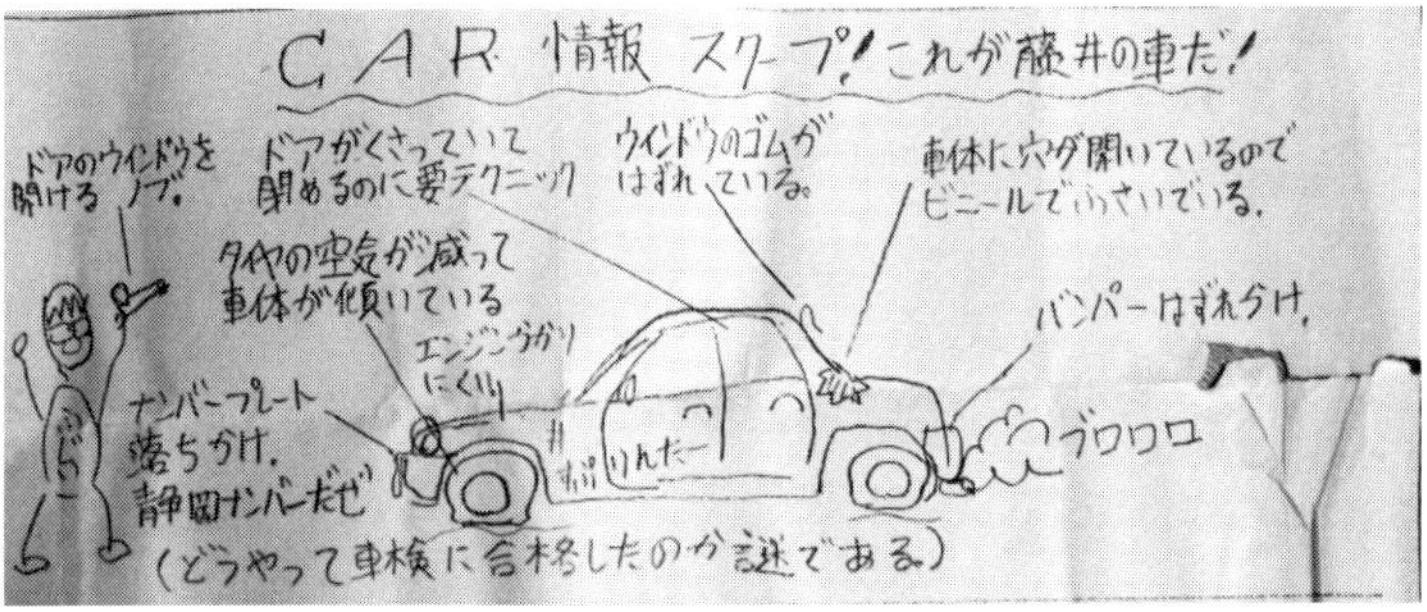

静岡支局の先輩記者から5万円で買わされた
究極のポンコツカー

コラム　春歌・猥歌は民衆の生きる力

ボヘミアンのおバカでくだらない活動を紹介してきたが、大事なものをわすれていた。新入生がつどう「大文字キャンプ」以来、ことあるたびにうたってきた春歌・猥歌とよばれる替え歌だ。なかでも以下の3つは定番だった。

ヨサホイ節

たぶん全国でうたわれている。大正時代に元歌があり、ウィキペディアによるとこんな歌詞だったらしい。

♪これが別れか　ヨサホイホイ
独りさびしく残るのは　ホイ　わたしゃ死ぬよりまだ辛い　ヨサホイホイ
たとえどんなに　ヨサホイホイ
二人は遠く隔つとも　ホイ　わすれまいぞえおたがいに　ヨサホイホイ

若い恋人たちのせつない別離の歌であり、猥歌ではない。これが数え歌形式の猥褻な替え歌になり、全国にひろまった。歌詞のバリエーションはいくつかあるが、ぼくらがうたったのはこんなかんじだ。

♪ひとつでたほいなよさほいのほい
ひとり娘とやるときにゃ、親の承諾得にゃならぬ
（よさほーいのほい、よさほーいのほい）
（以下、ふたつ、みっつとつづく）
♪双子の娘とやるときにゃ、姉のほうからせにゃならぬ
♪みにくい女とやるときにゃ　バケツかぶせてせにゃならぬ
♪よその二階でやるときにゃ　音をたてずにせにゃならぬ
♪いつもの女とやるときにゃ　あの手この手でせにゃならぬ
♪むかしの女とやるときにゃ　アルバム片手にせにゃならぬ
♪質屋の女とやるときにゃ　いれたりだしたりせにゃならぬ
♪八百屋の女とやるときにゃ　ナスやキュウリでせにゃならぬ
♪皇后陛下とやるときにゃ　直立不動でせにゃならぬ
♪巡査の娘とやるときにゃ　手錠覚悟でせにゃならぬ
♪さむらいの娘とやるときにゃ　羽織袴でせにゃならぬ
♪十二単とやるときにゃ　かきわけかきわけせにゃならぬ
♪十三（じゅうそう）のねーちゃんとやるときにゃ　病気覚悟でせにゃならぬ
（ここから一気に飛んで）
♪六十ババーとやるときにゃ　油さしさしせにゃならぬ

一般的には「十二」で終わりだが、関西版ということで「十三」がつくられ、さらにだれかが「六十」をくわえたのだろう。

学生にとっての「60歳」はジジーやババーだったんだ。いまや自分たちがその年代なんだなぁと思うと感慨ぶかい。

京都の女子大巡り

ふたつめは京都市内の女子大をめぐる歌。

♪ちんころまんころ　学校サボって女坂に行けば京女（キョウジョ＝京都女子大）の姉ちゃんが横目でにらむ
やりたいな　やりたいな　やりたいやりたいやりたいな
京女の姉ちゃんと　トランプやりたいな

♪ちんころまんころ　学校サボって烏丸今出川に行けば同女（ドウジョ＝同志社女子大）の姉ちゃんが横目でにらむ
さしたいな　さしたいな　さしたいさしたいさしたいな
同女の姉ちゃんと　将棋をさしたいな

♪ちんころまんころ　学校サボって北山通に行けばダム女（ダムジョ＝ノートルダム女子大）の姉ちゃんが横目でにらむ
おかしたいな　おかしたいな　おかしたいおかしたいおかしたいな　ダム女の姉ちゃんにお金を貸したいな

♪ちんころまんころ　学校サボって堀川丸太町に行けば駿台（予備校）の姉ちゃんが横目でにらむ
入れたいな　入れたいな　入れたい入れたい入れたいな　駿台の姉ちゃんを京大に入れたいな

♪ちんころまんころ　学校サボって百万遍に行けば京大の姉ちゃんが横目でにらむ
見せたいな　見せたいな　見せたい見せたい見せたいな　京大の姉ちゃんに鏡を見せたいな

その京大の姉ちゃんにその後ふられることになるのに、失礼な歌をうたっていたものだ。

この歌の東京バージョンは、高校の先輩の早稲田大生におしえてもらった。「ちんころまんころ」ではなく「ちんたらまんたら」で、猥歌ではなく、東京六大学について早稲田の学生がうたう、というパターンもあった。

♪ちんたらまんたら　授業をサボってブクロ（池袋）に行けば、立教の兄さんが横目でにらむ
立教かよ、育ちかよ、育ちじゃ早稲田は負けますよ
肩で風切る、俺たちゃ早稲田マン

京都版は「烏丸今出川に行けば〜」などリズムが悪すぎる。早稲田の六大学パターンのほうがリズムもセンスもよい。オリジナルはたぶん早稲田なのだろう。

ペンギンさん

これは1期生コツボのお気に入りだった。

ペンギンさん　ペンギンさん　ペンギンさんはかわいそう
ペンギンさんのせんずりは　届かない　届かない

カニさん　カニさん　カニさんはかわいそう
カニさんのせんずりは　命がけ　命がけ
（以下同様に）
どらえもんのせんずりは　握れない
はりねずみのせんずりは　血まみれ

ウルトラマンのせんずりは　3分間
新幹線のせんずりは　えきとばす
皇太子のせんずりは　監視つき

うんちからセックスへ

幼児はうんちやチンチンの話が大好きだ。

幼いころ、おやじに昔話を朗読してもらった際、何度も何度もねだったのは、和尚さんが素っ裸で、蓮の葉でチンチンをかくして逃げていく……という話だった。ストーリーはわすれたが、そのシーンだけは今もおぼえている。

ジクムント・フロイトによると、この年代の幼児は「肛門期」という発達段階にあり、子どもにとって肛門は性感帯であり、排便すると快感をかんじるらしい。

5歳のときに放映された「帰ってきたウルトラマン」で、ナックル星人に敗れたウルトラマンが磔にされるシーンをみたとき、なぜかチンチンが大きくなった。「なんでだろ？　ぼく、病気かなぁ」とおやじにみせたら、「ちょっと大人になってきた証拠だから大丈夫」と言われた。幼児でも、ちんちん＝快感という感覚があったようだ。

思春期がちかづくと、興味の対象は「性」になる。

ぼくが最初に「エロ」の存在にふれたのは小学5年の林間学校だ。

ませガキたちが「ベッドシン！」「ベッドシン！」とさけんで女子の部屋にしのびこもうとした。

ぼくは「ベッドシン」の意味がわからず、アントニオ猪木と死闘をくりひろげたタイガー・ジェット・シンのことだとかんちがいした。女子とプロレスをする「ベッドシン」ってたのしいだろうなと思ったが、優等生だったから、みずからは行動にうつせなかった。

肉体がくんずほぐれつする本当の「ベッドシーン」を目の前にみせられても、当時のぼくはたぶん「パンツをはかないプロレス」ぐらいにしか思えなかったろう。

中学にはいると、荒川の土手に暴走族がすてていく「ビニ本」をひろいあつめ、ポリ袋につつんで草むらにかくすことをおぼえた。

ビニ本とは、立ち読みをふせぐためビニールで包装されたエロ本で、1970年代半ばから80年代に流行した。当時は警察がヘアヌードをきびしくとりしまっていたため、ぬらしたティッシュでかくしたり、極薄の下着をつかうなど、涙ぐましい工夫をこらしていた。

1991年の篠山紀信撮影の樋口可南子の写真集「water fruit 不測の事態」をきっかけにヘアヌードが事実上解禁され、さらに過激なアダルトビデオが登場することでビニ本はすたれていった。

中学・高校時代、ごみ置き場でひろった小さなテレビにイヤホンをつけ、ふとんをかぶって「火曜サスペンス劇場」や「土曜ワイド劇場」にチャンネルをあわせ、今か今かとヌードシーンをまちつづけた。おかげで主題歌だった岩崎ひろみの「聖母たちのララバイ」(1981年)を丸暗記してしまったほどだ。

浦和高校という男子校に入学して、先輩に猥歌をおしえられ、そのおもしろさにはまった。

農の春歌は生のよろこび　女工の春歌は悲鳴

本当につらく悲しいとき、「未来少年コナン」や「アルプスの少女ハイジ」などのアニメはなぐさめになる。でも「いやしの音楽」は、媚びとあざとさをかんじて、耳にするのもいやだった。そんなときに口をついてでてきたのは

♪やりたいな、やりたいな……京女の姉ちゃんとトランプやりたいな

なんでこんなときに？　オレってよっぽどスケベなんかな、と首をひねった。

猥歌ってじつは意外な力を秘めているのかも。そう思いなおして、2冊の古本を段ボール箱の底から発掘した。

野坂昭如が1971年ごろに書いた文章をまとめた「にっぽん春歌紀行」と、竹中労が1980年代半ばに発表した「にっぽん情哥考」だ。

ふたりとも、猥歌をもとめて日本中を歩いた。

そのなかで野坂は気づく。

田植え歌などの農作業の民謡は、労働の単調さを軽減する効果だけでなく、はたらくよろこびや収穫祈念の意味もあり、作業の経過に応じて変化した。

静岡県川根町（島田市）の茶どころは、性には開放的で、昭和になっても夜這いの習慣がのこっていた。「高尾まいり」では、若い男女が大部屋に泊まり、お互い異性を知ることが習慣となっ

ていた。娘たちは開放的で、茶畑でみつけたいい男を誘惑する歌もうたう。春歌は、おおらかな生のよろこびに満ちていた。

一方、「女工哀史」に代表されるきびしい労働にあけくれた機織り娘たちの猥歌は、直接的な卑猥さだ。

〽おめこしてもよい、させてもよいが、中にとどめる子に困る

〽おまえそんなにもとまで入れて、中で折れたらどうなさる

ここでの性のいとなみは、苛酷な労働からの逃避であり、むしろ悲鳴にちかい。農耕から工場にうつることで、人間らしさが失われていく典型がみえると野坂は解説する。

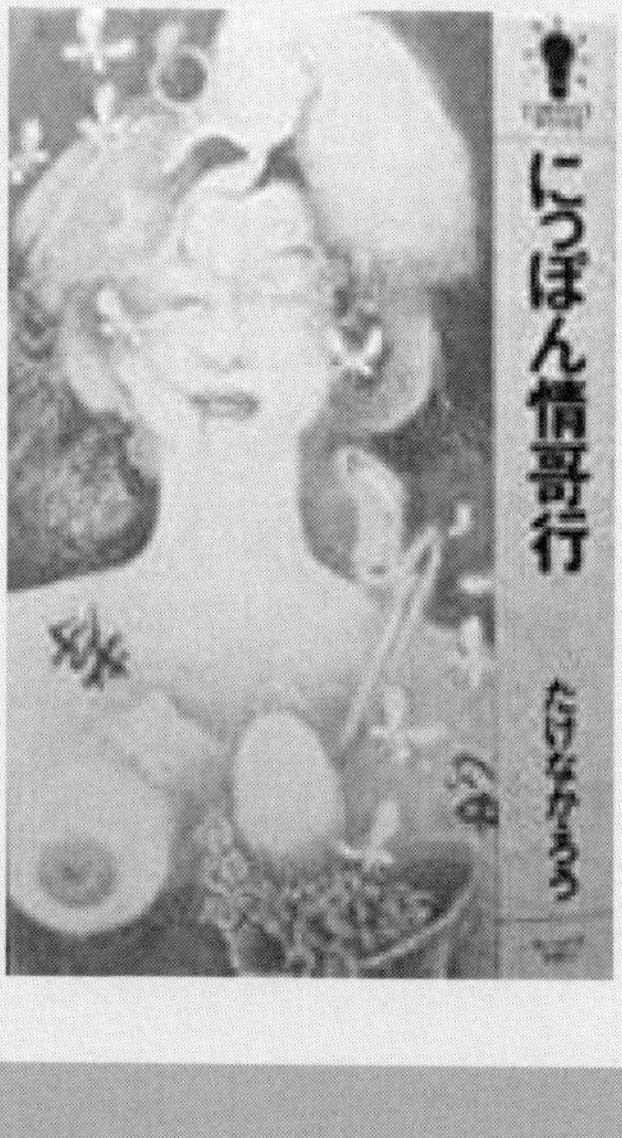

春歌は「替え歌」ではなく「元歌」

さまざまな民謡の節をつかって「性」を表現する替え歌がつくられていったのかぁ……と読みすすめると、とんでもないかんちがいだったことに気づいた。

竹中によると、昔はほとんどの民謡は春歌・猥歌だった。大半の民謡の元歌は春歌なのだ。たとえば秋田音頭は、もとは春歌の親玉であり、夜這いから夫婦生活、老人セックスまでうたっていた。

甲州ではこんな歌がある。

〽山のあけびは　何ょ見て割れる　下の松茸みて割れる
〽娘十七八は　渡しの舟よ　早く乗らぬと人が乗る

年頃の娘が処女であることは軽蔑の対象でしかなかった。かしこい娘たちは何人も毒味をしてから生涯の夫をえらんだという。

ねぶた祭りでは、鍋をかぶって戸板を楯にして石合戦を展開し、祭りのあとは乱交パーティーのようなものだった。

明治以降、政府は「公序良俗」を強制し「歌垣《かがい》」のフリーラブを弾圧した。だが公序良俗が全国を支配するようになるのは戦後になってからだ。

秋田の増田町（2005年から横手市）では、旧正月に若者たちは夜通し酒盛りして、娘たちも空が白むまであそんだ。新生活運動で１９６０年に旧正月の風習はなくなった。高度経済成長による繁栄とひきかえに、日本は半世紀たらずのあいだに大半の土着の歌を失ってしまった。

春歌・猥歌を排除することは、民衆の生きる力の根源を否定することだったのである。

第5章　ボヘミアンの旅

メコンの村の小さな恋にドキドキ

タイ族の村、巨大なうんこをする美少女

1985年、ぼくが1回生だった初夏、1学年上のツルとの読書会で「なんでオレは女の子と会話ができひんのやろ？　男とならふつうにしゃべれるのに」とツルに相談したことは第2章に書いた。

ツルのこたえは痛烈だった。

「はっきりいって、おまえの話は男がきいてもおもろない。そもそもおまえはかたるべき中身がないんや。小細工してもむだやで」

それ以来、「人のやらないことをやって、自分の中身をつくろう」と努力してきた。

1986年の春休み、ぼくは大阪・神戸と上海をむすぶ定期フェリー「鑑真」号（片道2万円）で中国にわたることにした。初の海外旅行だ。

出港して48時間、黄土色の水がたゆたう長江の河口にはいり、上海の港に接岸した。

中国語はニイハオと麻雀用語しかわからないが、幸いなことに筆談でなんとか意思を伝達できる。ホテルでも商店でも服務員（職員）が横柄なのは不快だったが、そのうちになれた。

なかなかなれなかったのは便所だ。大便なのに個室ではなく、床に4つ5つの穴があいているだけ。尻をだして、うんこを穴におとす様子が丸見えだ。ツレションならまだしも、ツレグソは衝撃だった。

上海から杭州をへて、夜行列車で2泊して雲南省の昆明へ。そこからポンコツ長距離バスに3日間ゆられて、昆明の南500キロに位置する雲南省シーサンパンナ（西双版納）タイ族自治州の中心都市、景洪についた。今では高速道路が整備されており、昆明から景洪までは7時間程度という。

景洪から船でメコン川を2時間くだったカンランパ（橄欖壩）というムラにむかった。さまざまな少数民族があつまる市がひらかれるときいたからだ。ムラでみかける長い巻きスカートを身につけたタイ族の女性はすらりとして美しかった。

でも招待所（宿）ちかくの食堂の便所は強烈だった。

高床式の小屋になっていて、床にあいている丸い穴にうんこをおとすと、下からバタバタブハブハというものすごい音がする。穴をのぞくと、おとしたばかりのうんこを豚がむさぼっている。究極のエコ便所だ。

薄い板で申し訳程度にしきられた女子便所からは、ぼくのうんこの3倍以上の量がすごい音をたてておちている。よほど巨大な女なのだろうと思ったら、身長150センチもない小柄でかわいらしいタイ族の女学生だった。一方、身長190センチのドイツ人旅行者と便所で隣あったときは、彼らのうんこの小ささにおどろいた。体とうんこの大きさは反比例の関係にあるのだろうか……？　などと想像していたら、はずかしいはずの「穴だけ便所」がだんだんたのしくなってきた。

サバイバルの章で紹介した、うんこの大きさと繊維の摂取量の相関関係はこのときはまだ知らなかった。

「社会主義はおそろしい」若手研究者は青ざめた

ぼくのとまっていた招待所には、卒論のためにタイ族を研究している日本人男性がいた。北京の大学の4年生だという。

当時の中国は外国人が出入りできる「開放地区」と立ち入り禁止の「未開放地区」にわかれていて、カンランパは開放地区だが、周囲の農村は未開放地区だった。彼はカンランパから毎日往復4時間歩いて調査対象のムラにかよっていた。

「ムラで民家にいれてもらいたかったら、水をくれ、とたのんだらいいよ」

彼の助言によって、ぼくも毎日周囲の集落をたずね歩き、高床式家屋の生活をかいまみさせてもらった。

3日後、北京大学の彼が青ざめた表情でかえってきた。

「あすぼくは北京にかえります。くわしくは言えないけど、社会主義はおそろしい。君たちもあのムラは二度とたずねたらだめだよ」

周辺のムラから人々がつどうカンランパの市場

いったいなにがあったのだろう？　外国人をうけいれたことで、住民側が公安のいやがらせをうけたのだろうか？

真相を知りたくて、後に彼に手紙を書いたが、返事はもらえなかった。

女性服務員のラブレター

カンランパの招待所につとめる女の子はタイ族の巻きスカート姿がかわいらしい。最初はつっけんどんな態度で、声をかけても返事をしてくれなかった。

ところが滞在4日目、彼女がぼくの部屋にはいってきた。

「英語をおしえてもらえますか？」

はずかしそうにざら紙のノートをさしだす。

「もちろん！　いつでもおしえるよ。そのかわりタイ族の言葉をおしえて！」

ぼくは天にものぼる気分でこたえた。

ベッドに隣あってすわり英単語をおしえていると、胸元がみえそうで心臓がバクバクする。彼女の名前は羅遠芳ちゃん、ぼくより2歳上の21歳。タイ族ではなく広州出身の漢民族だった。

キスぐらいできないかなぁ、などと妄想するが、悶々とするうちに10日間の滞在期間がつきてしまった。

お別れの朝、ぼくがトイレからでると、彼女がかけよってきて、紙片を手わたしてくれた。尻をふく紙かとおもったら手紙だった。これって、もしかしたらもしかして、生まれてはじめてのラブレター？

胸をたかならせて、同じ部屋に滞在していた香港人に翻訳してもらった。

「あなたにあえてよかった。あなたとおしゃべりするとき私はずっとドキドキしてました」

ぼくはあわてて彼女の姿をさがした。どうしてもみあたらない。しかたなく景洪行きのバスにのりこんだ。

ムラの中心のバス停から300メートルほどはなれたムラの出口までくると、遠芳ちゃんがハンカチをふっているのがみえた。

せつなくてたまらなかった。絶対もう一度もどってくる！　と心にちかい、3年間ほど文通をつづけた。でも、再会することはなかった。

うんこは大きくてバナナ型のものがのぞましいというのがいまや常識だが、戦前はかならずしもそうではなかったらしい。

「厠と排泄の民俗学」に掲載されている、東

タイ族の民族衣装をまとった羅遠芳ちゃん

京美術学校の岩村透教授（1870〜1917）の「日本の糞と西洋の糞」というエッセー（1911年）は、日本人は消化の悪いものを食べるので、排出されるカスが多いのにたいし、西洋人は消化のよいものを食べるので排泄物も軽少で「サァと刷毛で撫でた様な、極く細い両端の尖った、糸のような」「お優しい御高尚な御糞」と評している。さらに、フランスの下宿屋が、日本からきたばかりの留学生が巨大な糞で便器をつまらせてこまっている、というエピソードも紹介している。

マニラ　革命と詐欺と売春の洗礼

薄っぺらな正義感は目をくもらせる

シーサンパンナでは、宮本さんという長期旅行者としばらく行動をともにした。

彼は何年も世界を旅し、アフリカ大陸を自転車で横断している。移動の旅につかれると、ニューヨークなどに定住してレストランのウェーターや大工仕事をして旅費をかせいでいた。

「1カ月程度の観光旅行をくりかえすのではなく、最低1年間の旅をしてみてください。『日本人』の目からはなれることで、世界の見方がかわりますよ」

宮本さんには、文化人類学や社会主義国の評価、世界の民俗文化など、さまざまなことをおしえてもらったが、ひとつだけ違和感をおぼえる話題があった。

どの国の女性かきれいか、という話をしているときだ。

「圧倒的にアフリカの黒人がすばらしい。肌がきめこまかくて、情がふかくて。一度でいいから黒人女性をだいてみてください」

「途上国の女性をカネで買うというのは罪悪感をかんじてしまって……気乗りがしないんです」

ぼくがこたえると、宮本さんはきびしい顔になった。

「うすっぺらな正義感は、ものをみる目をくもらせますよ。あなたが女を買おうが買うまいが、彼女たちの生活はかわらない。だったら彼女たちにじかに接して、その現実を知るほうが意味があると思いませんか？」

予定どおりの旅は旅じゃない

それからフィリピンの話題にうつった。

宮本さんとすごしたのは1986年3月はじめだ。その1週間ほど前、フィリピンではフェルディナンド・マルコス独裁政権がたおれる「エドゥサ革命」がおきていた。

2月7日の大統領選で、民間の選挙監視団体は、野党候補のコラソン・アキノの勝利と発表したが、マルコス大統領の影響下にあった中央選挙管理委員会は「マルコス勝利」と発表した。

アキノ陣営は選管発表をうけいれず、全国で反マルコスのデモが展開した。

ファン・ポンセ・エンリレ国防相やフィデル・ラモス参謀長が「マルコスを大統領とはみとめない」と表明した。

群衆によってマラカニアン宮殿を包囲されたマルコス夫妻は2月25日、米軍のヘリコプターで脱出し、アメリカに亡命した。

このころ、ぼくはすでに自分に芸術的センスがないことを自覚して小説家の夢はあきらめ、本多勝一のようなジャーナリストにあこがれていた。だからフィリピン情勢は中国の新聞でチェックしていた。

「あなたもジャーナリスト志望なら、ひとつの国の歴史が激変する場に身をおいたほうがいいんじゃない？」と宮本さんはいう。

「飛行機のチケットを買うカネがないんです」

「大丈夫。香港ならばマニラ経由東京行きの航空券が2万円ですよ」

宮本さんは香港の旅行代理店の住所をメモしてくれた。

「予定どおりの旅なんて本当の旅じゃありません。人生だって、大学を卒業して企業に就職して、結婚して、定年退職して……なんて生き方はしたくないでしょ？　すくなくとも私はいやですね」

そうだった。旅をつうじて、自分の安定志向をぶちこわし、自分の「中身」を成長させるつもりだったんだ。

ぼくは予定を変更して広州にとび、香港でチケットを購入して、マニラ行きの飛行機にのりこんだ。

ぼったくり白タクの洗礼

日が暮れかけたフィリピン・マニラ空港の建物をでると、タクシードライバーを自称する無数の男がむらがってきた。

「ヘイ、マニラのＹＨまでいくのか？　２００ペソ！」

ぼくは相場を知らなかったがとりあえず
「高すぎる。80ペソだ」とこたえると、

「150ペソ！」

ねばって交渉して100ペソ（5ドル弱）で話はまとまった。

運転席と助手席に男がすわり、ぼくは後部座席にのる。走りはじめたとたん、助手席の男がふりかえった。「150ペソだ！」。

「それならここでおりる！」

抗議するが車はとまらない。見も知らぬ道端でおろされたらこまるけど、このまま拉致されるのもこわい。

男たちは「もう50よこせ」とくりかえし、YHにちかづくと「料金は100でいいが、チップがほしい」とねばる。交差点で減速した際、100ペソだけおいて車からとびおりた。ちなみに本来のタクシー料金は50ペソだった。

革命の熱気にあてられ換金詐欺にあう

マニラについたぼくは、街を数日間歩きまわった。

有名なトンドのスラムの、どぶ川ぞいのバラック街には異臭がただよっていた。でも、子どもの表情はそれほど暗くない。

華僑の墓地は、それぞれの墓がどぶ川の家々の4軒分の大きさで、エアコン完備の墓もある。墓地とスラムをくらべるだけで貧富の格差がよくわかる。

夕方のリサール公園では毎晩のように数千人がつどい、人差し指と親指で「L」(Libertyの意味)をつくって、「コリー！　コリー！」と、コラソン・アキノ新大統領の名を連呼している。

吉田寮などの左派の学生のあいだでは「あんなのは祭りのようなもので革命じゃない。どうせ農地改革も実行されないよ」などと冷ややかな見方が強かったが、現地の熱気のなかに身を投じると、先行きはわからないけど、これはたしかに「革命」だと思えた。

人々の熱気にあてられてボーッとしながら、繁華街のマビニストリートでドルをペソに換金した。両替屋のおっさんが提示したのは1ドル21ペソ。銀行よりずっとレートがよく、30ドルが630ペソになる。「1枚、2枚……」と、おっさんといっしょにペソの札をかぞえてうけとり。10ドル札を3枚わたした。

YHにもどって宿泊代をはらい、シャワーをあびてからペソ札をかぞえてみると300ペソしかない。

「くそー、なんでや！」

頭をかかえていると、黒田さんという日本人旅行者が声をかけてきた。

「典型的な詐欺だよ。種明かしをしてあげようか？」

彼とマビニストリートへもどり、再度30ドル換金することになった。両替屋のおじさんが自分の手元で「1枚、2枚」とかぞえてこちらの手にわたす。ぼくが30ドルを男にわたそうとするのを黒田さんは制した。

「ペソの枚数をこっちでもう一度かぞえよう」

するとおじさんはあわてはじめた。

「あ、ポリスがくる。いそげ！　つかまるぞ！」

黒田さんはそれを無視してゆっくりかぞえる。

「信用しないならもういい！」

男はそう言ってペソ札をふんだくって逃げていった。

札束の一部を半分に折って、二重にかぞえていたのだ。古典的なやり口だけれど、当時はそんな詐欺があるなんて思いもしなかった。

黒田さんは関東の大学の5回生で、ネグロス島で飢餓問題を取材してきたという。パキスタンからアフガニスタンに密入国してゲリラを取材し、シリアやレバノンもたずねている。

「アフガンゲリラに接触するのは簡単だよ。首にカメラを2、3台ガチャガチャぶらさげて、国境をブラブラ歩いていると『ジャーナリストならこっちの話をきいてくれ』ってゲリラの連中がよってくるよ」

初めての海外旅行で、すごい人にばかりにあっている気がした。自分がやけに小さく思えてしまう。

黒田さんとは3年後に地球の裏側で再会するのだけど、その話はまた、いずれ。

「きみ、売春宿をみたくない？　ジャーナリストになりたいんだろ？　世の中はきれいごとじゃうごかないんだから、なんでも経験したほうがいいよ」

つれていかれたのは薄暗いバーだった。そこのおばちゃんが女の子を紹介して手数料をかせいでいるらしい。

黒田さんは自分の財布をとりだして「やべ、たりねぇ」とつぶやいて、ぼくに手をあわせた。

「ごめん、50ドル、かしてくれる？　きみもがんばってね」

1998年当時のマニラのスラム

ポン引きのおばちゃんと

そういって女の子と消えてしまった。

ぼくも勇をふるって女の子とともに畳2畳ほどのせまい部屋にはいった。でも、なにをどうしてよいかわからない。

「君の出身はどこ？」

「実家はどんな仕事をしてるの？」

……質問攻めにするばかりだった。ほとんどこたえてくれないが、彼女はひとことだけつぶやいた。

「父は殺された」

ぼくはギョッとして言葉を失った。上半身のシャツはぬいだのに、なにもしないまま時間切れ。

ホッとしたような、がっかりのような、釈然としないまま、繁華街をぶらついてYHにもどった。

「おまえ、麻薬でもやってきたんか？」

4月上旬に帰国して京都にもどり、ボヘミアンの連中に旅の様子を報告した。

売春宿でなにもできなかった、というのはなさけないから、ちょっとだけ話を創作した。

「女の子が、内戦で父が殺されたって泣きだしちゃって、かわいそうになって、なにもできひんかった……」

われながらうそくさい。

それから、宮本さんや黒田さんから言われたことを、自分の頭で考えたかのようにかたった。

「農協のおっさんたちのフィリピン買春ツアーとかはひどいけど、売春を悪ときめつけるのはうすっぺらな正義感だと思うんや。売春でしか生きられない女性がいるのは事実やし、そういう子たちにじかにせっして現実に目をむけるべきとちゃうか？」

当時のボヘミアンで、1カ月以上の海外旅行経験者はほかにはいなかった。ぼくは「世界の現実」を知った気になって、ツルやコッボの正義感の「うすっぺらさ」を指摘した。

あつくるしい正義感のかたまりのコッボは軽蔑したような笑みをうかべて口をひらいた。

「なんやそれ。要はおまえがやりたかったってだけで、次にやるための理屈をこじつけたんやろ？なさけないやつやなぁ」

ツルはまじめな顔できいたあと、あわれみと心配がまざったような表情になってこう言った。

「おまえ、大丈夫か？　へんな理屈を真実を発見したかのようにまくしたてるなんて、おかしいで。麻薬やって頭がへんになったんちゃうか？」

旅からかえってしばらくは、同様の話をあちこちでしたけれど、ほとんど共感してくれる人はいなかった。

宮本さんや黒田さんとおなじことをはなしているつもりなのに、なぜだろう？

大学の1年間でいろいろ体験してきた。でも、「かたるべき中身」はできてきたんだろうか？　まもなくその結果があらわになることになる。

ちなみにコッボはこの例会を最後にボヘミアンをやめて別のサークル「金太郎」をつくることになった。

「男ばかりのむさくるしい集団じゃなくて、女の子もいる、もっと健全なサークルをつくりたい」

彼は、ボヘミアンであつくるしい正義感を1年間発散しつづけたが、地がスケベだから男だけの世界に満足できなかったようだ。

ちなみに「金太郎」も「アウトドアサークル」を名のったが、サバイバルではなくキャンプを楽しみ、土人踊りではなくハロウィン風の仮装行列を企画した。ボヘミアンを10倍の水で希釈したような「劣化版」とわれわれは評していた。

フィリピンから帰国してまもない4月26日、旧ソ連ウクライナ共和国のチェルノブイリ原発の爆発事故がおきた。2011年の福島第一原発事故とならぶ原子力発電史上最悪の事故である。だが当時のぼくには、フィリピンの革命よりも印象がうすかった。それどころか、4月8日の歌手・岡田有希子の自殺のほうがよほどショックだった。

破壊力抜群の失恋騒動

合コンであった子にひとめぼれ

高校時代、女子校の文化祭のフォークダンスでおどった子にひとめぼれして、長い手紙をおくってふられて以来、「彼女がほしい」と思いながら、具体的に好きになれる子はいなかった。中国のシーサンパンナで羅遠芳ちゃんと遭遇して久々にドキドキ感をあじわっただけだ。

2005年、百万遍の立て看は健在だった

1986年春、ひさしぶりに参加した合コンで、京都女子大のオクダさんという子に目をうばわれた。

すらっとしていて、上品で、おっとりした声がやさしい。彼女たちのグループとはその後、「ひらパー」（ひらかたパーク）であそんだり、ハイキングをしたりした。

ある日、百万遍を自転車でとおりがかると、女の子の笑い声がした。ふりむいたらオクダさんたちだった。

「なんでこんなところに？」

「バイトをさがしにきたんです」

ひとことふたことかわすあいだに206系統の市バスがきて、あっさりサヨナラ。でもその一瞬でオクダさんのかわいさにまいってしまった。

1週間後、オクダさんたちとの3回目の合コンにでかけた。幹事役のタケダがさりげなくオクダさんの隣の席をあけてくれた。タケダは腎臓病になってから、人の気持ちをくみとってくれるようになった。サバイバルを脱走してひらきなおった図々しいヤツと同一人物とは思えない。つらい経験をすると、人間ってやさしくなるのかなあ、なんて感謝したのは数分間で、ぼくはすぐにオクダさんとの会話に夢中になった。

彼女もジャーナリスト志望だったとか、中国文学や漢詩が好きで中国へいきたいとか、文学では中島敦や太宰治が好きとか……。

「毎晩のように悪いヤツをやっつける夢をみるんです」

「酔っぱらってなぜか腹がたってトイレでペーパーをなげつづけちゃいました。アハハ」

上品でおとなしい語り口と、その正義感の強さと言葉のはげしさとのギャップ。ぼくも水俣病などの社会問題に興味をもっていたからなおさらひかれた。

舞いあがってフィリピン旅行の話などをペラペラしゃべった。

おお、とりあえずちゃんと会話になっている。「話題カード」だのみだった1年前のオレとはちがう！

だが1時間もすると話題がつきた。不自然な間ができるようになると、彼女はななめをむき、シオモトの話に耳をかたむけ、セージの話に笑い……。ぼくのほうをむいてほしくて新しい話をひねりだすと、応答はするものの、すぐに視線をはずしてしまう……。

場をもりあげられるセージやシオモトがうらやましかった。

前半の高揚がうそのように、ぼくは自信を喪失していった。

コンパがおわり、彼女らがタクシーにのったとき手をふったが、ふりむいてはくれなかった。

「中身がないから会話ができないんや」とツルに指摘されて1年、それなりに「中身」をつくったつもりだったけど、やっぱりダメだった。

大学のノートに大量の手紙の下書き

翌々日の早朝、2日間ほとんど一睡もしないまま比叡山にのぼった。人のいない、眺望のよい広場に横たわり、ウグイスのすんだ声をききながら昼寝をすると心がおちついて気力がわいてきた。

「ダメでもともと。今日こそは電話する！」

ひらきなおったら、うまくいくような気がしてきた。

山をおりて百万遍の古書店で「会話術」という本を買って、本屋の近所にあるシオモトの下宿でよんだ。

相手の声の大きさにあわせること。相手の話をきいたらひと呼吸おいてからこたえること。話題の準備は必要だけど、できるだけ聞き役にまわること等々、「会話術」のアドバイスをノートに抜粋した。

その夜はボヘミアンの例会だった。

「今から彼女に電話するわ！」

例会がはじまる直前に宣言して、公衆電話にでかけた。

京都女子大の学生寮のダイヤルをまわす。

「217号室のオクダさんおねがいします」

とりつぎの時間がやけにながい、ということは留守ではない。3分ほどして彼女が電話口にでた。

「話がしたいんだけど、今度の土日にあえませんか？　こっちはシオモトといっしょにいくので、オガワさんもいっしょにどうですか」

ぼくは単刀直入にそうつげた。返事は、

「私はダメだけど、オガワ先輩はわからないからきいてみましょうか」

ガックリきた。

勇をふるって電話したのに事務的にさらりとながされた。せめてドギマギしてくれたらよかったのに。

話の穂をつがなきゃ、とあせっていたら、「それじゃあ」と電話をきられた。「会話術」をいかすきなどなかった。

全身の力がぬけた状態で例会場にいくと、みんなが報告をまっていた。

「予想どおりやったわ」

「それじゃわからん。ちゃんとはなせ」

「週末はひまがないんやて」

泣きそうな思いで報告すると、

「これがもしフジーじゃなくてほかのヤツがかけたら『ずーっとひまなんですぅ』なんて言うんちゃうか」

シモザキとセージはちゃかす。たしかにそうかもしれない……。

オクダさんの友人とデートしたことのある、女好きのシノミーがまじめな声色でつけたした。

「オクダさんは週末はいつもいそいそとでかけているそうや。彼氏がいるんちゃうかなぁ」

その言葉に目の前がまっくらになった。

あとは手紙で思いをぶつけるしかない……。でもそれを拒絶されたらと考えると足がすくむ。

1週間後の7月15日には、祇園祭りの宵山にみんなででかけることになっていた。

自分の気持ちを手紙にしてとどけよう。

祇園祭り、再会はできたけど

7月15日、ぼくは滋賀県にすむ水俣病の患者さん宅を訪問していた。友人の自動車ででかけ、夕方には京都にもどる計画だったが、大渋滞にまきこまれた。

京女の子たちは学生寮だから門限がはやい。いそがなければと気ばかりあせって京都にもどったときは19時半になっていた。もみくちゃの群衆のなか、みんながどこにいるのかわからない。汗だくになって碁盤の目状の街を右に左にさまよいあるき、八坂神社ちかくでようやく一団をみつけた。

浴衣姿の彼女はかわいかった。心臓がバクバクしてはなしかけることもできない。用意していた手紙は、彼女らが市バス206系統にのってしまう直前にねじこむようにわたした。

しばらくして速達で返事がとどいた。

「ひとりで読んでください」と書いてある。ボヘミアンの連中が、ぼくとオクダさんを隣りの席にしたり、気をつかっていることに気づいていたのだろう。

手紙の内容はもちろん「お断り」だ。でもその理由はぼくの想像をこえていた。

――中学生時代から男に生まれたかった。男のくせにやりたいこともやらずウジウジとしているヤツをみると罵倒していたから、自由に生きているボヘミアンの人たちにあえてうれしかった。なのに「女」としかみてもらえなかったことが残念でした。男になれなかった女のことを思いだして、たちあがってください。

私は女であることをうけいれて、静かな日を満足して、本を読んだり美術館へいったり編み物したり、お花をしたりしていきます――

たしかそんな内容だった。

頭がカーッとした。焼酎の「純」をあおり、自分の思いを大学ノートにしるしてみた。焼酎がからになって、気づいたら大学ノートも1冊おわっていた。外をみたら空がしらみはじめている。いてもたってもいられなくなって、また比叡山にかけのぼった。

こうして、傷心のまま北海道のサバイバルへ……という経緯だったと記憶している。

だが今回、昔の日記をひっぱりだしたら、手紙の下書きが大量にでてきた。

当時はワープロもパソコンもないから、日記帳にしていた大学ノートに下書きして推敲し、便箋に清書していたのだ。

下書きは5、6通ぶんあり、大学ノートで20ページには

車では行けない比叡山の「展望台」。
いつもここで酒を飲んだ

なるだろう。

「ぼくがふられるのはいいけど、自分の人生をあきらめないで！」

「もうつきあえることはないとあきらめました。でも友だちとして関係はつづけたい」

「個人の幸福はまわりの人の不幸の上に安住してはいけない。真の幸福はまわりの人をも幸福にするものだ。そういう幸福をいっしょにめざしたい」

……などと、恋愛論や幸福論をふりかざし、「友だちとして」なんて常套句をつかいながら、自分はじつはすごい人間なんだぜ！　というPRをわすれていない。

あつくるしくて、イタイ。30年たってもよむにたえない文章だった。

それらの手紙を清書したかどうかは記憶にない。郵送していないことをねがうばかりだ。


ボヘミアンの活動や海外旅行で「自分の中身」をつくることで、かつての「山は好き？」「趣味はなんですか」といった「お見合い会話」からは脱することができた。でも「自分の中身」を増やすだけではまだたりない。そう自覚できたことには意味があったのかもしれない。

ただ、この事件をきっかけに、ボヘミアンと京都女子大グループとの交流は断絶した。

ぼくが書いた手紙の下書きや一連の日記の量は原稿用紙にしたら２００枚ほどだ。自分が心をこめれば愛がつたわるはずだと信じていたから、それだけの量をしるしたのだろう。数カ月後、その数倍のラブレターを書いた作家の文章をよんで「負けた」と思ったが、作家の名は失念していた。

今回、それは立花隆だとおしえてもらった。「田中角栄の研究」の「まえがき」に「千枚のラブレター」の体験を立花自身がつづった文章がある。

30歳になったばかりの立花は、片思いの女性に「これから千枚のラブレターをかく。かならずあなたを説きふせてみせる」と宣言して2年間手紙をおくりつづけた。しかし、あと数枚で千枚という時点になっても女性の心はうごかなかった……。

「私は自分のものを書く能力に対して、完全に自信を喪失した。読者を一人にしぼり、たった一つのテーマについて千枚も語り続け、それでもなおその読者をいささかも説得することができなかったのだから」

若かりし立花の、自分の文章と愛への強烈な自負と挫折感がつたわってくる。

ひとりよがりもここまでつきぬけると後光がさす。

200枚と1000枚の差が、たんにイタイ学生と天才ジャーナリストの差なのだろう。

ボヘ志願女子続出　ゆれる「女人禁制」

女の子サークル「アマゾネス」創設？

1987年春、ボヘミアンは4期目に突入し、ぼくは3回生になった。前年と同様、新入生対象の合同ハイキングを何回か企画し、京都女子大などでチラシをくばった。女子学生は、言葉はわるいが、

嵐山ハイキング。女の子の顔にぼかしをいれる作業は大変でした

ボヘミアンに新入生男子をよびよせるための「撒き餌」だった。ボヘのような野蛮なサークルに、女の子が興味をもつわけがないからだ。

ところがこの年は、「ボヘミアンみたいな活動をしたい」と希望する女の子が次々にあらわれた。

嵐山の渡月橋そばの川原で車座になり、弁当を食べながら今後についてはなしあった。

「ヒッチハイクとか無人島とかおもしろそう」

「ただで旅行できるってすごい」

「ふつうの女の子にできないことをやりたい」

「なんでもやらせてくれるってきいたから占いをやりたい」

「ボヘミアンのような骨のあるサークルにはいりたい」……

でも「女人禁制」はボヘミアン唯一の原則だ。1年前には「女性をいれるかどうか」正面から議論したこともあったが、女の子にもてるシモザキら2、3人以外は女人禁制を支持した。

原則といえばきこえはよいが、じつは、女性がはいって恋愛問題で混乱した際に対処する自信がなかった。「禁制」というより「女こわい」だ。1年前にひとり恋愛でもりあがって、周囲の人間関係まで破壊した前科があるから、自分みたいなのが何人もでてきたらサークルがなりたたないとぼくは危惧していた。

もしこの年に女子がはいっていたら、常識的な活動が増え、どこにでもある「ちょっとおもろいアウトドアサークル」になったかもしれない。

ともあれ、このときは「女人禁制」はゆるがなかった。女の子だけのサークル「アマゾネス」をたちあげて姉妹サークルにしようという案がもちあがったが、女子のなかにめぼしい子をみつけたヒョーメらが主導して、ボヘミアン有志と女の子とで新サークル「ロンド（輪舞曲）」を結成することになった。

「男だけの気楽さを満喫しながら、女の子とも仲良くなりたい」という、中途半端でご都合主義な選択だった。

ロンドがうまく機能したのかどうかは、あまりかかわらなかったぼくには判断できないが、サークル内で5組結婚（うち2組離婚）しているから、それなりに意味はあったようだ。

エーッ？　おれにファンクラブ？

「ロンド」は6月、ヒョーメを中心に、「市バス・オリエンテーリング」を企画した。バスをつかってオリエンテーリングをするという発想じたいが、女子を意識している。男だけなら「ボヘマラソン」になるだろう。

ぼくもさそわれていたのだが、その軟弱さと多人数でキャピキャピする雰囲気に気がのらなくて、集合時間を寝すごし、結局参加しなかった。

夕方、ボヘハウスに「出勤」し、フォークギターで、アリスの「昴」を練習していたところへ、「みんなオランジュ（喫茶店）にあつまってるで」とタケダがよびにきた。欠席をちょっと後悔していたからすくわれた気分でかけつけたら、20人以上あつまっている。

「チカちゃんがもうすぐバス停につきます」と言うから、

「オレがむかえにいくわ」と席をたつと、チアキちゃんが「私もいく！」と言う。

チカちゃんはバスをおりてくるなり、大輪のヒマワリの花がひらいたような笑顔をみせた。

「エーッうれしい。先輩がきてくれるなんてぇ！」

「いろんなサークルみたけど、先輩みたいな人はいなかった」

「先輩がいなかったらロンドもやめちゃうよね」

顔から火がでるようなことをチアキちゃんと2人で口にする。

さらに、「はいどーぞ」と、2人はチョコや飴をくれた。

「私たち、先輩のファンクラブをつくるつもりです。名前はオンリーユー。私たちが会員番号1番と2番です」

2人ともかわいいし、「ファンです」と言われてうれしくないわけがない。でも、もてた経験がないから居心地がわるかった。

喫茶店をでて、出町柳のデルタで花火をして解散した。妙な1日だった。

飲み代は割り勘か、おごるか

その後、ぼくはチカちゃんとデートすることになった。2年前とはちがいさすがに会話に苦労することはない。こまったのはカネだ。1回生のときよりはバイト収入が増えていたが、ふだん縁がないおしゃれな店で飲み代をおごるのは大変だ。

ボへを引退して司法試験の勉強をしているツルに相談しにいった。ツルはちゃぶ台に頬杖をついて、意地悪そうにニヤニヤしながら言った。

「フジーが女の子とデートする日がくるとはなぁ。人間は成長するもんやなぁ、人間ってすてたもんやないなぁ、ふんふん……」

しばらくニヤついてから本題にはいった。

「カネがないのに、無理しておごる必要なんてないで。すなおに、カネがないから割り勘でいい？　って言ったらええんや。それでいやがるような子だったらつきあう必要ないやん」

いちいちごもっとも。だけど「男がおごらないのはかっこわるい」という意識は、貧乏なくせになかなかぬぐえない。

実際どうしたのかはおぼえていない。デートの前日にバイトをしてがんばっておごったのか、それともツルのいうとおり割り勘をもとめたのか。

恋愛対象を飛び越え「お父さん」に

チカちゃんはおさない子だからデートはしても色っぽい展開にはならなかった。でも気分はうきうきするから、デート後はボへハウスにたちよって、その場にいるヤツに自慢していた。

2回目か3回目のデートのあと、「きょうは大原にいってなぁ……」などとボヘハウスでかたっていると、ヒョーメが口をはさんできた。

「フジー、おまえ、京女の子からなんて言われてるか知ってるか?」

「なんや? おれのこと噂してくれてるならうれしいやんか」

「そんなええ話とちゃうわ。『フジーさんって男っぽさとかはかんじないけど、安心感があってお父さんみたい』って言われてるらしいで」

「チカちゃんやチアキちゃんもか?」

「まさにそのふたりがそう言ってるんや」

1年前や2年前とくらべると、女の子とはなせるようになっているし、「フジーさんってなんでもはなしやすい!」とチカちゃんは言ってくれた。ちょっとはもてたのかな、と思っていたのに「お父さん」とは。

1回生のときは「小学生なみの会話」といわれ、2回生では「中学生みたいなふられかた」といわれ、3回生になって「お父さん」。なんで中学生とお父さんの中間がないんだ?

どっと力がぬけた。でもせっかくできた女友だちをうしなうのがもったいなくて、ぼくはその後も「お父さん」を演じつづけた。


けっきょく21歳の1年間も、「お父さん」以上の対象とみられることはなかったが、「話題カード」があっても会話ができなかった19歳の自分とくらべれば長足の進歩だ。

見目うるわしくうまれてきたわけじゃないし、もてないのはしかたがない。このへんで満足しなければならないのかもしれない。

世界を知り　ママはオトコになった

幸せとはなにか。「さとった」と思ったが……

ボヘミアンの活動のほか、夕張や水俣などの現場をたずねた経験もあって「出世やカネより大事な生き方」がみえたような気がしていた。そんな「さとり」のような気分と、女性と会話できるようになった満足感がかさなって、生まれてはじめてある種の安定感あるいは幸福感をかんじていた。

だが、そんな状況がつづくうちに、イライラとあせりをかんじはじめた。

当時はその理由が理解できなかったけど、あとからふりかえればこういうことだ。

当時のぼくは、幸福と安定を同一視していた。「幸福」は、手にしたと思ったその瞬間に逃げ水のようにこぼれるもので、「安定」はときに精神の根っこをくさらせるということに気づいていなかった。

世界1周の前哨戦

前年とおなじ活動をくりかえしてはだめだ、と思ったぼくは、「世界一周」を漠然と考えはじめた。

一方、法学部生のセージは、周囲の連中が猫も杓子も弁護士をめざすことにうんざりしていた。「あいう付和雷同の連中にはオレはなれへん」と断言し、「世界一周計画」にのってきた。

ボヘハウスで焼酎をのみながらはなしあい、3回生終了後の1988年に1年間休学し、ぼくが南米まわり、セージはアジアまわりで旅して、西アフリカのザイール（コンゴ民主共和国）のジャングルでおちあうという計画をたてた。

1987年夏はその前哨戦として、ぼくは2カ月かけてのチベット・インドを旅することにした。セージもまた、インドネシアやマレーシア、タイをたどる予定で出発した。タイのバンコクの安宿で9月におちあうことにして、予定がくるった場合は置き手紙をするときめた。

ぼくは、上海からチベットにむかい、ヒマラヤをこえてネパールにでて、インドからタイに飛び、予定より2週間おくれてバンコクの安宿にチェックインした。

セージはとうに通過したろうと予想していたが、置き手紙はなかった。

「愛のため」対決を決意

帰国して、置き手紙がなかった事情が判明した。

セージは日本からシンガポールに飛んで、そこでしばらく沈没し、一度はインドネシアにわたったものの、マレーシアやタイへ北上することなく、シンガポールからとっとと帰国していたのだ。

「なんや、長期の旅行にたえられなかったんか、へたれやなぁ」

ぼくがバカにすると、セージはなにやらうれしそうな表情をうかべた。

「であいがあってなぁ。まっ、愛はなにより大事やで」

相手はおなじ年齢の大阪のOLだという。

彼女にすこしでもはやく再会したくて、タイまで北上するのをやめて帰国することにしたのだ。とところが、セージが帰国して彼女の実家に電話をかけると向こうはまだ帰国していなかった。彼女の父親は「娘がかえってこないんや」と心配していた。彼女はセージよりも旅のほうが好きだったようだ。ともあれ、恋愛にまさる一大事はない。セージのことをボヘミアンのみんなが祝福した。

ところがひとつ問題があった。

彼女にはインド系マレーシア人のボーイフレンドがいた。セージとつきあうことをつたえると、マレーくんはセージと対決するために日本にくるという。

「対決って、かっこええなぁ」

「武器が必要やろ、水鉄砲ぐらいもっていったらどうや？」

「生協食堂のナイフとフォークがええんちゃうか？」

ぼくらは好き勝手に言いながら、対決の日を心待ちにした。

そして、ついにマレーくんが来日した。対決にむかうセージをはげますため、ぼくらはボヘハウスで壮行会をひらいた。セージはいつもよりパリッとした襟つきのシャツを着ている。

「じゃっ、いってくるわ」

緊張でひきつった笑みをうかべて、それでもかっこつけて、ふりかえらずに片手をあげ、セージはボヘハウスをあとにした。

3時間後、彼は死なずにかえってきた。刀折れ矢尽きるたたかいだったのだろう。パリッとしていたシャツはよれよれになっていた。

「で、どないやったんや？」

「なぐりあったんか？」

「銃撃戦か？」

ぼくらは質問をあびせる。

セージは大きなため息をついてひとことだけもらした。

「むっちゃ、緊張したわぁ……」

結局、暴力沙汰にはならず、喫茶店ではなしあい、無事、事態は収束したらしい。

「おまえ、えらかったなぁ」

「オトコになったなぁ」

ぼくらは彼を心から祝福した。

オトコになってもママのママ

隠岐の島のサバイバルでおぼれて以来「隊長」としての威信が失墜し、タケダとシノミーに翻弄されて「ボヘハウスのママ」となっていたが、セージはオトコだった。

ぼくらは、「ママが漢《おとこ》になった日」とその日を名づけた。「漢」をオトコとよませるのは「北斗の拳」の影響だ。

その日は何月何日だったのだろう？　セージのシャツは長袖だったから夏ではないのはたしかだけど、季節もわからない。１９８７年のニュース一覧をながめてやっと思いだした。

11月29日、大韓航空機が、北朝鮮の工作員によって飛行中に爆破された。「蜂谷真一」と「蜂谷真由美」という日本人の名が容疑者としてテレビにながれていた。「ママがオトコになった日」はその何日かあとだった。

「セーキの大事件」よりも、「セージの対決」のほうが、ぼくらにとっては衝撃度が大きかった。いかに内向きな生活をしていたかよくわかる。

その後、セージの彼女がボヘハウスに遊びにくるようになると、同室居住者のシノミーは気をつかって「おれ、きょうはかえってこんから」と留守にした。

彼女がくるから、セージはみずからせっせとトイレを掃除するようになった。「オトコ」になったはずなのに「ママ度」はむしろアップした。そして、彼が「世界一周」を口にすることは二度となかった。「付和雷同で弁護士を志望するような連中」をばかにしていたセージはその後、弁護士になった。

情愛と欲望は革命家を堕落させた

隊長セージのみならず、恋愛は、よきにつけ悪しきにつけ人間の生き方をかえる。「愛」を失って革命家になり、愛をえることで革命から足を洗った男もいた。その手助けをしたのが、ちょっと風変わりな「カンパ」だった。

彼の名前をXとしておこう。シリアスな小説や哲学が大好きで繊細で自分にきびしい男だった。ボヘミアンのようないいかげんな集団にのめりこむとは思えない。アホらしくなってそのうちやめるのではないか、とぼくは思っていた。

実際、それほど時を経ずしてボヘミアンを離脱するのだけど、理由はちょっとちがった。

彼はおなじクラスのY子ちゃんに恋をした。毎晩のようにボヘのだれかの下宿で、性格もスタイルもよいというY子ちゃんにたいするあふれる思いを吐露していた。

そのうち「バラの花束を贈る」と言いだした。Xはぼくよりはかっこいいけど、恋愛経験はほぼゼロだ。

ぼくらはあまりの飛躍に口をあんぐりとあけ、恋愛経験が豊富なシモザキらは懸命にいさめた。

「いきなりバラの花束は重すぎや!」

「冷静になれ!」

だが彼はつっぱしった。そしてふられた。

失恋の痛みからか、しだいにボヘミアンの連中の下宿にも顔をださなくなった。

その後彼は、ちょっとあぶない「過激派」の一派とされる小さな団体の活動家になった。繊細でするどい感性をもっていたXは、大恋愛にやぶれたやり場のない怒りと悲しみを「革命」で発散しようとした……とボヘミアンのぼくらは分析していた。

ぼくは1990年に卒業して朝日新聞静岡支局に赴任した。

1988年3月11日、静岡支局の駐車場に、時限装置付きのピース缶爆弾がおかれ、不発のまま翌朝に発見された。「赤報隊」による一連の朝日新聞襲撃事件(広域重要指定116号事件)のうちのひとつだった。ピース缶をみつけたのはぼくもお世話になったユリさんという事務のお姉さんだ。爆発していたら小さなけがではすまなかったろう。

地方に配属された新人記者の仕事は「サツ回り」からはじまる。一般にサツ回りは、刑事課や鑑識課、防犯課などが中心だが、116号事件があるから、警備や公安課にも毎日顔をだした。朝日新聞の支局の隣にある静岡中央署では、ほとんどの課は自由に出入りできたが、警備課だけは、ついたてでかこまれた入口のソファーまでしかはいれず、課員の顔をなかなかおぼえられなかった。

配属後1カ月もたたない5月3日の憲法記念日、静岡市の中心街の青葉通りで「天皇の戦争責任」をかかげてスピーカーでがなっている同年代の男性2人を取材した。新左翼風のヘルメットをかぶっているが、よくみると、ヘルメットには色彩ゆたかなヤマメの絵がえがかれている。団体名は「赤いヤマメ」。遊び心がおもしろくてしばらく雑談していた。

数日後、中央署の警備課をたずねると、課長がちょっとまじめな顔をして口をひらいた。

「フジーさん、彼らは知り合い？　どんな人たちなの？」

「ああ、あれは左翼のファッションが好きなだけの単なるマニアだから大丈夫ですよ。なんたって団体名は『赤いヤマメ』ですから」

課長は偶然ぼくの姿をみかけた、と言っていたが、当然、サツ回りをする新聞記者の行動や経歴もチェックしていたのだろう。

そんなある日、Xから職場に電話がかかってきた。声をきくのは何年ぶりだろう。

「あさって遊びにいっていいですか。泊めてもらえますか？」

「警察にチェックされてもええなら、かまんで」

居酒屋とスナックでおごり、ぼくのアパートにもどってまたのんだ。アパートは築40年ちかいおんぼろだけど、6畳と4畳半と台所、風呂まで装備している。大学時代の4畳半とくらべると大邸宅だから、いろいろな人を泊めていた。

「革命についてどう思いますか？　帝国主義を打倒する必要があると思いませんか？」

「まあ、今の日本の資本主義がよいとは思わないわなぁ。ソ連とか北朝鮮の暗い社会主義はごめんやけど、キューバやニカラグアみたいな明るい社会主義ならいいかもな」

「ぼくらが革命をおこせば、ソ連みたいな暗い国にはしませんよ」

「でもちょっと前まで内ゲバで殺しあってたやろ？　信じろというほうが無理やで……」

そんな話があれこれつづいたあと、彼はこう言った。

「すいません、ちょっとでいいんで、カンパしてもらえませんか？」

「おまえらの活動には賛同できひんから、それはことわるわ。でもお姉ちゃんのいるスナックに行くためならカンパしたる」

「それでもいいです。ちゃんと遊びにつかいます」

ぼくは1万円をわたした。

Xは半年に一度、ボーナスのころにぼくの家にやってきて、そのたびにぼくはスナック代として1万円カンパした。

XはほかのボヘミアンOB宅も定期的にたずねていた。おおむねぼくとおなじように「遊び資金」をカンパしていたはずだが、コヤマの「支援カンパ」はふるっていた。

コヤマはレコード会社につとめ、芸能人ややくざともつきあい、遊びなれている。

芸能界では、「寿司」を「シースー」、「ハワイ」を「ワイハー」などと逆さ読みをするというのも彼からおしえられた。こうした「倒語」は、戦後ジャズバンドのあいだで流行したのが芸能界にひろまったとされるが、ルーツは、場所→ショバ、宿→ドヤ、縁起→ギエン→ゲンなど、江戸時代の隠語にさかのぼる。

Xがカンパをもとめにくると、コヤマはたっぷりごちそうしてカラオケにつれていき、説教した。

「庶民の欲望を知らない人間に革命なんかできるわけない。革命のためにも現実を勉強せなあかん！」

そしてXを悪い道にさそった。

「サージマ・クーイー？」（マッサージ、行く？）

コヤマのねらいは「（いつまでも学生の身分で革命運動をするのではなく）社会人になってカネをかせいだら、革命よりたのしいことができるんやで」とおしえることにあった。コヤマは一連の「カンパ」を「資本主義堕落作戦」と名づけていた。

Xは最初はためらったが、その後は、民衆の意識をさぐり革命戦略をみがきあげるため、さそわれるままに風俗店についていった。

くそまじめなXが風俗店のサービスをうけたのか、それとも女の子たちをまじめに「インタビュー」したのかは知らない。いずれにせよ、想像するだけでぼくらには笑えた。

そんな「カンパ」を何度かくりかえしたあと、たぶん1年か2年して「女と南の島に逃げます」というメッセージをのこして彼からの音信はとだえた。

コヤマの「カンパ」は、ひとりの純粋な革命家をみごとに堕落させたのだった。

あとがきにかえて

新人記者の奴隷生活、ポケベルをうんこの海になげすてる

1990年4月、ぼくは大学を卒業して朝日新聞静岡支局に赴任した。

当時の新聞社は今では考えられないくらい封建的だった。

新人記者は、泊まり勤務の先輩記者が目をさます午前7時までに支局に顔をだし、8時には警察署にいき、刑事課や防犯課や交通課などで雑談する。夕方までに写真つきの「町だね」記事を書き、デスクが本社に送信して原稿の確認がおわると、たこ焼きなどのみやげをもって、静岡中央署と南署をめぐって顔をおぼえてもらう。

その後、刑事課長らの家に「夜回り」する。

支局の泊まりの先輩記者がふとんにはいる午前2時までは帰宅してはならない。午前7時から午前2時まで19時間拘束された。

最初はヘトヘトになったが、まもなくさぼりかたをおぼえる。

「夜回りにいってきます！」と、そのまま飲み屋に直行する。午前2時に支局にもどると、はやめに寝ていた先輩記者は「うるさい！　オレの泊まりの日はかえってくるな！」と言ってくれる。それをくりかえすと、早く帰宅できる日が増えていく。

つらい日々ではあったけど、すこしずつ自由な時間を獲得するのは、ゲームのような楽しさがあった。

当時のデスクは、机の下に一升瓶を常備し、茶碗であおりながら赤ら顔で原稿をチェックするから「赤鬼」とよばれていた。

ぼくが静岡支局に配属されて最初の原稿を提出したとき、「赤鬼」はそれをチラッとみて、クシャクシャっとまるめてポイと床になげすてた。

びびった。

修正して、再度提出すると、大声で一喝された。

「これが商品になると思ってるのか！　読者をなめるな！」

そういったやりとりになれたころに訂正記事をだすと、また大目玉。

デスクにも自分にも腹がたって、暗室でコンクリートの壁を思いきりなぐると、こぶしがきれて、壁にべったり血糊がついた。電気をつけてよくみると、あちこちに黒ずんだ血の跡がある。

「なーんだ、みんなおなじなんだ」

思わず笑ってしまった。

当時はまだ携帯電話はなく「ポケベル」をズボンのベルトに常時装着していた。

ポケベルは日本では１９６８年に電電公社（ＮＴＴ）がサービスを開始した。当初は、一般電話からポケベルの呼び出し音を鳴らすだけだったが、ぼくが就職したころには、プッシュホンの電話から数字を送信できるようになっていた。急ぎの場合は「99」、さらに緊急事態は「９９９９」と表示された。

女子高生のあいだで、「0840＝おはよう」「3470＝さよなら」といった語呂合わせで会話する「ベル友」が流行し、最盛期の加入者数は1000万人を超えた。だが、携帯電話の普及でNTTは2007年にポケベルから撤退する。最後まで首都圏でのこっていた東京テレメッセージの「ページャ」という無線呼び出しサービスも2019年に終了した。

ポケベルがピーピーピーと鳴るたびに公衆電話をさがして支局に電話しなければならない。

秋の連休、大学時代の友人の女の子とハイキングをしているとき、いまいましい電子音が何度も鳴りひびいた。民家で電話をかりて電話すると、「きょう写真展の記事をつかうから、点検よろしく」

どうでもよい問いあわせや注文が3回4回とつづいて、山のボットン便所にまたがっている時にまた鳴った。

思わずポケベルをベルトからひきちぎって便所にたたきこんだ。2メートル下のうんこの海から、ピーピーという音がひびきつづけていた。

支局のデスクに電話して神妙な声をつくって報告する。

「すんません、便所にポケベル、おとしちゃいました。2時間に一度電話をいれます」

「おまえなぁ。いいかげんにしろよ」

赤鬼は笑っていた。わざとおとしたと見ぬいていたのかもしれない。

支局長・デスクと対立し原稿はすべてボツ　反撃で気分転換

記者にとって一番つらいのは、どなられることでも睡眠不足でもない。原稿をボツにされることだ。

ぼくは入社12年目の2002年、愛媛県の松山支局（現在は総局）に異動になった。1992年から94年にかけても松山支局にいたから2度目の勤務だ。このころの愛媛県は「新しい歴史教科書」の採択問題と「平成の大合併」でゆれていた。

ぼくは、支局長とデスクにつぐ3番目の立場だが、取材方針をめぐって、支局長・デスクとことごとく対立した。

そのうち、見せしめのように、ぼくの原稿をすべてボツにするようになった。ぼくも意地になって、デスクの卓上にある「原稿ボックス」に次々に新しい原稿をつみあげた。すてられるとプリントアウトして何度でも再提出した。

「きょう原稿がたりないんだけどさぁ、美術展の記事でも書いてくれないかなぁ」

「きみの記事、最近紙面でみてないなあ」

支局長にいやみを言われると、厚さ5センチはある未掲載原稿の束を目の前にドサッとおいて、「お好きなものをつかってください」と言って飲みにでた。ストレスで胃がキリキリする日々だった。

必死にさぐっていた反撃の機会は、月末の出張旅費の精算の際におとずれた。

ぼくは、合併問題の取材で山村をたずね歩いていたから月10回ちかく日帰り出張をしていた。それらの経費の書類を支局長に提出すると翌朝、ぼくの机の上にその書類がもどされ、「紙面に未掲載の出張旅費は認められません。掲載後にあらためて申請してください」とメモ書きがそえられていた。

よっしゃ！　反撃や！

さっそく取材の経費を管轄する大阪本社の編集業務部に電話して、心底おこったふりをして大声で抗議した。こういうとき、演劇の経験が役にたつ。

「業務として出張したのに、未掲載分の旅費をみとめないなんて、不当労働行為です。本社の見解を文書でしめしてください。場合によっては組合問題にしようと思います」

ぼくの電話をうけた若い担当者はあわてて次長か部長とおぼしきおじさんにかわった。

「そんなことはありえない。だれがそんなことを言ったんだね？　証拠はあるのかね？」

「すぐにファクスします」

電話を切り、支局長のメモを送信した。

その夜、支局長があわててぼくの席にきた。

「いやぁフジーくん、そういうつもりじゃなかったんだ。いや、あれは誤解だよ。まいったなぁ……」

（誤解じゃねぇだろ、バーカ、ざまあみさらせ！）

胃が痛くなるような日々でも、ときどきこんな痛快な反撃がきまると気分転換できるものだ。

ボヘミアンで四六時中「なんかおもろいこと」をさがしてきた経験が、ストレスフルな日々のなかに「遊び」をみつける力をはぐくんでくれたようだ。

「くだらないこと」さがしたら足もとに

ぼくは2020年1月に朝日新聞を早期退職し「僕のコーチはがんの妻」（KADOKAWA）を出版した。

そのタイトルどおり、基本的にはまじめな内容だ。よく考えたら新聞記者時代、まじめな文章ばかり書いていた。あっぷる出版社からだしてもらった「北陸の海辺　自転車紀行　北前船の記憶を求めて」も、自転車にのって、北陸の民俗や食、歴史をめぐるという正攻法の旅行エッセーだった。

くだらない話、しょうもない話をむしょうに書きたくなった。でも新聞記者ってそういうネタはもちあわせていないんだよなぁ。

そう思ってあれこれ考えるうちに、ネタが足もとにあることに気づいた。

ボヘミアンほど、愚かで下品でくだらない活動はない。でもブログで10万字ちかく書きすすめるうちに、くだらない経験ってけっこう大事だよなと思うようになってきた。

センス・オフ・ワンダーは「ボヘミアンの感性?」

高校時代、レイチェル・カーソンの「センス・オブ・ワンダー」をよんだ。

「センス・オブ・ワンダー」とは、神秘や不思議さにおどろき目をみはる幼児のような感性を意味する。

幼いころ、土手でつんだノビルやツクシが食卓にのぼると興奮して食べた。夜の別荘地を散歩して、道が真っ暗な森でいきどまりになると、「森の奥になにがあるの？　いってみようよ」とおやじの手をひいた。大人にとっては「行き止まり」だけど、子どもにとっては「別世界への入口」だった。ものすごい速さでながれる台風の雲や増水で湖と化した河川敷は、ノアの方舟の世界がこの世にはみだしてきているように思えた。

「地球の美しさと神秘を感じとれる人は、科学者であろうとなかろうと、人生に飽きて疲れたり、孤独にさいなまれることはけっしてないでしょう。たとえ生活のなかで苦しみや心配ごとにであったとしても、かならずや、内面的な満足感と、生きていることへの新たなよろこびへ通ずる小道を見つけだすことができると信じます。

地球の美しさについて深く思いをめぐらせる人は、生命の終わりの瞬間まで、生き生きとした精神力をたもちつづけることができるでしょう」（上遠恵子訳、新潮文庫）

カーソンのそんな文章を高校生のぼくは日記に書きうつしていた。

センス・オブ・ワンダーは、Sence of wonderなのだけど、ぼくは最近まで、Sence of wanderとかんちがいしていた。「放浪する、さまよう感性」、すなわち「ボヘミアンの感性」だ。

放浪の旅は、神秘や不思議さに目をみはる感性をそだててくれる。さまよい遊びつづける放浪者（ボヘミアン）の心をもちつづければ「生き生きとした精神をたもちつづけられる」。

なかばそう信じてきた。

ボヘミアンの心だけでわたっていけるほど人生甘くはないのだけど、遊び心がさまざまな局面で小さな助けになってきたのはたしかだ。

ぼくらにのこされた時間は長くてもあと20年か30年だ。「生命の終わりの瞬間まで、生き生きとした精神力をたもちつづけ」られるように、学生時代のSense of wanderと、なにもかもが新鮮だった幼いころのSense of wonderをちょっとずつでもとりもどしていきたい。

この本がそのためのお役にたてば……なんて、たいそうなことは考えていません。下品で滑稽な昭和末期の学生たちのバカバカしい生態をたのしんでいただけたら幸いです。

著者プロフィール

藤井 満（ふじい みつる）

東京都葛飾区生まれ。京都大学文学部卒。在学中に中南米、東南アジアを取材する。卒業後、朝日新聞社入社。静岡、愛媛、京都、大阪、島根、石川、和歌山、富山に勤務し、2020年に退社。フリージャーナリストとして活動を続ける。
著書に、『僕のコーチはがんの妻』（KADOKAWA）、『北陸の海辺自転車紀行』（あっぷる出版社）、『能登の里人ものがたり』（アットワークス）、『石鎚を守った男 峰雲行男の足跡』（創風社出版）、『ニカラグアを歩く 革命と内戦の今昔』（日本図書刊行会）などがある。

京都大学ボヘミアン物語

2024年 1 月30日　初版第 1 刷発行

著　者　藤井満

発行者　渡辺弘一郎

発行所　株式会社あっぷる出版社
〒101－0065 東京都千代田区西神田 2－7－6
TEL 03－6261－1236　FAX 03－6261－1286
http://applepublishing.co.jp/

装　幀　神田昇和

組　版　Katzen House　西田久美

印　刷　モリモト印刷